ANG GAHUM
SA DIOS

Sukad sa sinugdan sa kalibutan,
wala pa gayud igdungog
nga dihay nakapabuka
sa mga mata sa usa ka tawong nahimugso nga buta.
Kon kadtong tawhana dili pa gikan sa Dios,
wala unta siyay arang mahimo.
(Juan 9:32-33)

ANG GAHUM
SA DIOS

Dr. Jaerock Lee

Ang Gahum sa Dios ni Dr. Jaerock Lee
Gimantala sa Urim Books (Tinugyanan: Johnny. H. Kim)
235-3, Guro-dong 3, Guro-gu, Seoul, Korea
www.urimbooks.com

Ang tanang kinamatarung gireserba. Kining libro o mga bahin ngari dili mahimong ipahuwad sa bisan unsang porma, taguan sa sistema nga retrieval, o ipadala sa bisan unsang porma o sa bisan unsang paagi, sa-kuryente, sa-makina, pagpaseroks, pagtala o kondili, kung wala'y naunang pagtugot nga gisulat gikan sa nagmantala.

Gawas kondili gitimaan, ang tanang Balaang Kasulatan nga mga pangutlo gikuha gikan sa Balaan nga Biblia, NEW AMERICAN STANDARD BIBLE, ®, Copyright © 1960, 1962, 1963, 1968, 1971, 1972, 1973, 1975, 1977, 1995 by The Lockman Foundation. Used by permission.

Katungod Pagpanag-iyag Sinulat © 2009 ni Dr. Jaerock Lee
ISBN: 979-11-263-1194-1 03230
Ang Paghubad Katungod Pagpanag-iyag Sinulat © 2005 ni Dr. Esther K. Chung. Gigamit nga adunay pagtugot.

Nahaunang gimantala sa Korean pinaagi sa Urim Books in 2004

Nahaunang Gimantala Kaniadtong Septyembre 2005
Ikaduhang Edisyon Agosto 2009

Gihikay pagpatik ni Dr. Geumsun Vin
Gidibuho sa Editoryal nga Buhatan sa Urim Books
Para sa dugang nga impormasyon pagduol sa
urimbook@hotmail.com

Pasiuna

Nag-ampo nga pinaagi sa gahum sa Dios nga Magbubuhat ug sa ebanghelyo ni Hesukristo, unta ang tanan nga mga katawohan makasinati sa nagdilaab nga buhat sa Espiritu Santo…

Ihatag kanako ang tanang pasalamat ngadto sa Dios nga Amahan, nga nagpanalangin kanamo sa pagmantala sa usa ka buhat ang mga mensahe gikan sa ikanapulo ug usa nga Duha ka-semana nga Espesyal nga Pagkapukaw nga Panagtagbo nga gipahigayon kaniadtong Mayo 2003 - gipahigayon ubos sa tema nga "Gahum" – kung hain ang pila ka mga testimonya sa hilabihan gayud gihimaya ang Dios.

Sukad sa 1993, sa wala madugay human sa ikanapulo nga anibersaryo sa pagkatukod, ang Dios nagsugod pag-amuma sa mga miyembro sa Manmin Central Church sa pag-angkon sa tinuod nga pagtoo ug mahimong espirituhanon nga mga katawohan pinaagi sa tinuig nga Duha ka-semana nga Espesyal nga Pagkapukaw nga mga Panagtagbo.

Sa ilalom sa 1999 nga tema sa Pagkapukaw nga Panagtagbo "Ang Dios Gugma," Iyang gitugotan ang mga pagsulay sa mga panalangin aron ang mga miyembro sa Manmin makaamgo sa kamahinungdanon sa tinuod nga ebanghelyo, magtuman sa balaod sa gugma, ug magkaamgid sa atong Ginoo nga gipadayag ang katingalahang gahum.

Sa kaadlawon sa usa ka bag-o nga milenyo sa tuig 2000, aron ang tanan nga mga katawohan sa tibuok kalibutan makasinati sa gahum sa Dios ang Magbubuhat, ang ebanghelyo ni Hesukristo, ug ang nagdilaab nga buhat sa Espiritu Santo, gipanalanginan kami sa Dios sa pagsibya sa Pagkapukaw nga mga Panagtagbo live pinaagi sa Moogoonghwa satellite ug sa Internet. Kaniadtong 2003, mga tumalan-aw gikan sa gibana-bana nga 300 ka mga iglesia sa sulod sa Korea ug napulo ug lima ka mga nasud ang misalmot sa Pagkapukaw nga Panagtagbo.

Ang Gahum sa Dios misulay sa pagpaila sa proseso diin ang usa makaila sa Dios ug makadawat sa Iyang gahum, ang mga lain-laing mga lebel sa gahum, ang Labing Hataas nga Gahum sa Pagbuhat nga lapas sa utlanan nga gitugot alang sa usa ka binuhat nga tawo, ug ang mga dapit sa diin ang Iyang gahum gipakita.

Ang gahum sa Dios nga Magbubuhat mokunsad sa ibabaw sa usa ka tawo sumala sa iyang pagkaamgid sa Dios nga mao ang kahayag. Dugang pa, sa diha nga siya mahimong usa sa espiritu uban sa Dios, siya mahimong makapakita sa matang sa gahum nga gipakita ni Hesus. Kini tungod kay sa Juan 15:7, nagsulti kanato ang atong Ginoo, "Kon kamo magpabilin Kanako, ug ang Akong mga pulong magpabilin kaninyo, pangayo kamog bisan unsa inyong gusto, ug kini pagabuhaton alang kaninyo."

Kay personal kanakong nasinatian ang kasadya ug kalipay sa kagawasan gikan sa pito ka tuig nga mga sakit ug pag-antus, aron mahimong usa ka alagad sa gahum nga sama sa Ginoo, nagpuasa ug nag-ampo ako sa pila ka mga adlaw ug mga panahon human ako gitawag nga mahimong usa ka alagad sa Ginoo. Nagsulti kanato si Hesus sa Marcos 9:23, "'Kon arang mahimo! Ang tanang butang mahimo ngadto sa magatoo'". Ako nagtoo usab ug nag-ampo tungod kay mikupot ko og hugot sa saad ni Hesus, "[Bisan kinsa] nga mosalig Kanako, magahimo usab sa mga buhat nga akong ginabuhat; ug labi pa gani ka dagkung mga buhat kay niini ang iyang pagabuhaton; kay moadto man ako sa Amahan" (Juan 14:12). Ingon sa usa ka resulta, pinaagi sa tinuig nga Pagkapukaw nga mga Panagtagbo, ang Dios nagpakita kanamo sa kahibulongan nga mga ilhanan ug mga katingalahan ug naghatag kanamo sa dili maihap nga mga pagpang-ayo ug mga tubag. Dugang pa, sa panahon sa ikaduhang semana sa 2003 nga Pagkapukaw nga Panagtagbo, ang Dios mitutok sa pagpakita sa Iyang gahum sa kadtong mga buta, dili makalakaw, makadungog, ug makasulti.

Bisan kon ang medikal nga siyensiya moabanse ug magpadayon sa paghimo sa pag-uswag, kini hapit nga imposible alang sa mga katawohan nga nawad-an sa panan-aw o pagkadungog nga mamaayo. Ang makagagahum nga Dios, bisan pa niana, gipakita ang Iyang gahum aron nga sa diha nga ako nag-ampo lamang gikan sa pulpito, ang mga buhat sa gahum sa pagbuhat mahimong mapagbag-o ang patay nga mga ugat ug mga selyula, ug ang mga katawohan mahimong makakita, makadungog, ug makasulti.

Dugang pa, ang binawog nga mga taludtod matarong, ug ang nanagpatikig nga mga bukog nahimong luag aron nga ang mga katawohan nahimo sa paglabay sa ilang mga sungkod, ug mga wheelchair, ug nanagtindog, nanaglukso, ug nanaglakaw.

Ang milagrosong buhat sa Dios usab molapas sa panahon ug sa luna. Ang mga katawohan nga mitambong sa Pagkapukaw nga mga Panagtagbo pinaagi sa satellite, ug sa Internet usab nakasinati sa gahum sa Dios, ug ang ilang mga pagpamatuod gisumiter bisan niining adlawa.

Kini mao nganong ang mga mensahe gikan sa 2003 nga Pagkapukaw nga Panagtagbo – kung hain ang dili maihap nga mga katawohan natawo pag-usab pinaagi sa pulong sa kamatuoran, nakadawat og usa ka bag-ong kinabuhi, sa kaluwasan, mga tubag, ug sa pag-ayo, nakasinati sa gahum sa Dios, ug naghimaya og daku Kaniya - nga gipatik ngadto sa usa ka inusara nga buhat.

Naghatag ko sa espesyal nga mga pagpasalamat ngadto kang Geumsun Vin, Director sa Editoryal nga Buhatan ug sa iyang mga sakop, ug sa Paghubad nga Buhatan alang sa ilang kakugi ug dedikasyon.

Unta ang matag usa kaninyo makasinati sa gahum sa Dios ang Magbubuhat, ang ebanghelyo ni Hesukristo, ug ang nagdilaab nga buhat sa Espiritu Santo, ug unta ang kasadya ug kalipay maga-awas sa imong kinabuhi - ang kining tanan ako nag-ampo sa ngalan sa atong Ginoo!

Jaerock Lee

Pagpaila

Usa ka kinahanglan-mabasa ingon nga usa ka importante nga giya kung hain ang usa ka tawo mahimong makaangkon sa tinuod nga pagtoo ug makasinati sa katingalahang gahum sa Dios.

Naghatag ko sa tanang pasalamat ug himaya ngadto sa Dios, nga nagdala kanamo sa pagmantala ngadto sa usa ka buhat ang mga mensahe gikan sa 'Ang ikanapulo ug usa nga Duha ka-semana nga Espesyal nga Pagkapukaw nga Panagtagbo uban kang Dr. Jaerock Lee' kaniadatong Mayo 2003, nga nahitabo sa kinataliwad-an sa daku ug katingalahang gahum sa Dios.

Ang Gahum sa Dios maglamoy kaninyo sa grasya ug sa kahapdos, ingon nga kini naglangkob sa siyam ka mga mensahe gikan sa Pagkpukaw nga Panagtagbo nga gipahigayon sa ilalom sa tema nga "Gahum," ug usab sa mga pagpamatuod gikan sa pila ka mga tawo nga direktang nakasinati sa gahum sa buhi nga Dios ug sa ebanghelyo ni Hesukristo.

Sa Una nga Mensahe, "Aron Magtoo sa Dios," ang ilhanan sa

Dios, unsa kini ang tuohan diha Kaniya, ug ang mga paagi sa diin kita makaila ug makasinati Kaniya ang gihulagway.

Sa Ikaduhang Mensahe, "Aron Magtoo sa Ginoo," ang katuyoan ni Hesus sa pag-anhi sa yuta, nganong si Hesus lamang ang atong Manluluwas, ug nganong kita makadawat sa kaluwasan ug sa mga tubag sa diha nga kita magtoo kang Ginoong Hesus, ang gihisgutan.

Ang Mensahe nga Ikatulo, "Usa ka Sudlanan Labaw ang Katahum kaysa usa ka Mutya," detalye sa unsay gikinahanglan aron mahimong usa ka bililhon, halangdon, ug matahum nga sudlanan sa panan-aw sa Dios, ug ang mga panalangin nga manaog sa ingon nga sudlanan.

Ang Ikaupat nga Mensahe, "Ang Kahayag," nagpatin-aw sa espirituhanon nga kahayag, unsay atong gikinahanglan nga buhaton aron nga mailhan ang Dios nga mao ang kahayag, ug ang mga panalangin nga atong madawat kon kita magalakaw diha sa kahayag.

Ang Ikalimang Mensahe, "Ang Gahum sa Kahayag," nag-utingkay ngadto sa upat ka lain-laing mga lebel sa gahum sa Dios nga gipadayag pinaagi sa mga binuhat nga mga tawo pinaagi sa nagkalainlaing mga kolor sa kahayag, ug usab sa tinuod nga-kinabuhi nga mga pagpamatuod sa lain-laing mga matang sa pag-ayo nga gipakita sa matag lebel. Dugang pa, pinaagi sa pagpaila sa Labing Hataas nga Gahum sa Pagbuhat, ang walay-kinutobang gahum sa Dios ug ang mga paagi nga kita makadawat sa gahum sa kahayag gipasabut sa detalye.

Base sa proseso diin ang tawo nga natawo nga buta nakadawat sa panan-aw sa dihang iyang nailhan si Hesus ug ang mga pagpamatuod gikan sa pila ka mga katawohan nga nakadawat sa igtatan-aw ug nangaayo sa dili maayo nga panan-aw, ang Ikaunom nga Mensahe, "Ang mga Mata sa Buta Magaabli," makatabang kanimo nga makaamgo mismo sa gahum sa Dios nga Magbubuhat.

Sa Ikapito nga Mensahe, "Ang mga Katawohan Magatindog Magalukso, ug Magalakaw," ang istorya sa usa ka paralitiko nga miadto sa atubangan ni Hesus uban sa tabang sa iyang mga higala, mitindog, ug naglakaw, ang gi-usisa og pag-ayo. Dugang pa, ang Mensahe usab molamdag sa mga magbabasa sa mga matang sa mga buhat sa pagtoo nga ilang igapagpresentar sa atubangan sa Dios aron sa pagsinati sa ingon nga gahum sa pagkakaron.

Ang Ikawalo nga Mensahe, "Ang mga Katawohan Magmaya, Mosayaw, ug Maga-awit," nag-utingkay ngadto sa istorya sa usa ka bungol ug amang nga magadawat sa pag-ayo sa diha nga siya moanha sa atubangan ni Hesus, ug nagpaila sa mga paagi nga mahimo usab nga atong masinati ang maong gahum bisan karon.

Sa katapusan, sa Ika-siyam nga Mensahe, "Ang Walay Kapakyas nga Probidensya sa Dios," mga propesiya sa katapusan nga mga adlaw ug sa probidensya sa Dios alang sa Manmin Central Church – ang pareho gipadayag sa Dios sa Iyang kaugalingon sukad sa pagkatukod sa Manmin labaw pa kay sa kaluhaan ka tuig na ang milabay - gipatin-aw og klaro.

Pinaagi niini nga buhat, unta ang dili maihap nga mga katawohan ang makaangkon sa tinuod nga pagtoo, sa kanunay makasinati sa gahum sa Dios ang Magbubuhat, ug gamiton ingon nga sudlanan sa Espiritu Santo ug magtuman sa Iyang probidensya, sa ngalan sa atong Ginoong Hesukristo ako nag-ampo!

Geumsun Vin
Direktor of Editoryal nga Buhatan

Mga Unod

Mensahe 1

Aron Magtoo sa Dios (Mga Hebreohanon 11:3) · 1

Mensahe 2

Aron Magtoo sa Ginoo (Mga Hebreohanon 12:1-2) · 25

Mensahe 3

Usa ka Sudlanan Labaw ang Katahum

kaysa usa ka Mutya (2 Timoteo 2:20-21) · 47

Mensahe 4

Ang Kahayag (1 Juan 1:5) · 67

Mensahe 5

Ang Gahum sa Kahayag (1 Juan 1:5) · 85

Mensahe 6

Ang mga Mata sa Buta Magaabli (Juan 9:32-33) · 117

Mensahe 7

Ang mga Katawohan Magatindog Magalukso, ug Magalakaw (Marcos 2:3-12) · 135

Mensahe 8

Ang mga Katawohan Magmaya, Mosayaw, ug Maga-awit (Marcos 7:31-37) · 157

Mensahe 9

Ang Walay Kapakyas nga Probidensya sa Dios (Deuteronomio 26:16-19) · 179

Mensahe 1
Aron Magtoo sa Dios

Mga Hebreohanon 11:3

Tungod sa pagtoo kita makasabut nga ang kalibutan gibuhat pinaagi sa pulong sa Dios, nga tungod niana ang mga butang nga makita gibuhat gikan sa mga butang nga wala magpadayag

Sukad sa unang tinuig nga Duha ka-semana nga Espesyal nga Pagkapukaw nga Panagtagbo nga gipahigayon kaniadtong Mayo 1993, ang dili maihap nga mga katawohan ang may mismong mga kasinatian sa walay katapusan nga pagkadugang sa gahum ug buhat sa Dios, nga ang mga sakit nga dili mamaayo sa modernong medisina nangaayo ug mga problema nga dili masulbad pinaagi sa siyensiya ang nasulbad. Sa katapusan nga napulo ug pito ka tuig, sama sa atong makita sa Marcos 16:20, ang Dios nagpamatuod sa Iyang pulong pinaagi sa mga ilhanan nga nag-uban niini.

Pinaagi sa dagkung kahiladman nga mga mensahe sa pagtoo, ang pagkamatarung, sa unod ug sa espiritu, sa maayo ug sa kahayag, gugma, ug mga hisama, ang Dios midala sa pila ka mga miyembro sa Manmin ngadto sa mas lawom nga espirituhanon nga ginsakpan. Dugang pa, pinaagi sa matag Pagkapukaw nga Panagtagbo, ang Dios midala kanamo sa pagsaksi sa Iyang gahum mismo aron nga kini nahimong usa ka ilado sa kalibutan nga Pagkapukaw nga Panagtagbo.

Nagsulti kanato si Hesus sa Marcos 9:23, "'Kon arang mahimo! Ang tanang butang mahimo ngadto sa magatoo." Busa, kon kita makaangkon sa tinuod nga pagtoo, walay imposible alang kanato ug kita makadawat sa bisan unsa nga atong gipangita.

Unsa, man unya, ang atong tuohan ug unsaon kanato kini tuohan? Kon kita dili mahibalo ug motoo sa Dios sa husto nga paagi, kita dili makahimo sa pagsinati sa Iyang gahum ug kini lisud nga makadawat sa mga tubag gikan Kaniya. Mao kana nga ang pagsabut ug pagtoo sa husto ang maong labing importante.

Kinsa man ang Dios?

Una, ang Dios mao ang tagsulat sa kan-uman ug unom ka mga libro sa Biblia. Ang 2 Timoteo 3:16 nagpahinumdom kanato nga "Ang tibuok nga Kasulatan gituga sa Dios." Naglangkob sa kan-uman ug unom ka mga libro ang Biblia ug gibana-bana nga natala sa katloan ug upat ka lain-laing nga mga katawohan sa gitas-on nga 1,600 ka tuig. Bisan pa niana, ang labing talagsaon nga bahin sa matag basahon sa Biblia mao nga, bisan pa sa kamatuoran nga kini natala sa daghang lain-laing mga mga katawohan sa daghang mga siglo, gikan sa sinugdanan ngadto sa katapusan kini mao nga kapareho ug katumbas sa usag usa. Sa laing mga pulong, ang Biblia mao ang pulong sa Dios nga natala sa inspirasyon pinaagi sa lain-laing mga katawohan nga Iyang giisip nga angay sa lain-laing mga panahon sa kasaysayan, ug pinaagi niini nagpadayag Siya sa Iyang kaugalingon. Mao kana nga ang mga tawo nga nagtoo sa Biblia nga mao ang pulong sa Dios ug mosunod niini makasinati sa mga panalangin ug grasya nga Iyang gisaad.

Sunod, ang Dios mao ang "Ako man ang mao Ako" (Exodo 3:14). Dili sama sa mga dios-dios nga gibuhat sa mga hunahuna sa tawo o sa mga kinulit nga pinaagi sa iyang kamot, ang atong Dios mao ang tinuod nga Dios nga naglungtad sa wala pa ang kahangturan ngadto sa kahangturan. Dugang pa, atong mahulagway ang Dios ingon nga gugma (1 Juan 4:16), ang kahayag (1 Juan 1:5), ug ang maghuhukom sa tanan nga mga butang sa katapusan sa panahon.

Bisan pa niana, labaw sa tanan, kinahanglan kanato gayud nga hinumduman nga ang Dios, uban sa Iyang talagsaong gahum, nagbuhat sa tanang mga butang sa mga langit ug sa yuta. Siya mao ang Usa nga Labing Gamhanan nga malig-on nga gipadayag ang Iyang mga katingalahang gahum gikan sa panahon sa Pagbuhat hangtud niining adlawa.

Ang Magbubuhat sa tanan nga mga Butang

Sa Genesis 1:1, atong makita nga "Sa sinugdan gibuhat sa Dios ang mga langit ug ang yuta." Ang Mga Hebreohanon 11:3 nag-ingon kanato, "Tungod sa pagtoo kita makasabut nga ang kalibutan gibuhat pinaagi sa pulong sa Dios, nga tungod niana ang mga butang nga makita gibuhat gikan sa mga butang nga wala magpadayag."

Sa kahimtang nga kahaw-ang sa sinugdanan sa panahon, pinaagi sa gahum sa tanan ang mga butang sa Dios diha sa uniberso gibuhat. Pinaagi sa Iyang gahum, gibuhat sa Dios ang Adlaw ug ang bulan diha sa kalangitan, mga tanom ug mga kahoy, mga langgam ug mga mananap, isda sa dagat, ug ang katawohan.

Bisan pa niini nga kamatuoran, daghang mga katawohan ang dili motoo sa Dios nga Magbubuhat tungod kay ang konsepto sa pagbuhat mao ang nagkasumpaki lamang sa kahibalo o kasinatian nga ilang naangkon ug nahibaloan sa kalibutan. Pananglitan, diha sa hunahuna sa maong mga katawohan, kini dili posible alang sa tanan nga mga butang sa uniberso nga mabuhat sa sugo sa Dios gikan sa kahimtang sa kahaw-ang.

Kini mao nganong ang teoriya sa ebolusyon gisugdan. Ang mga nagtoo sa teoriya sa ebolusyon nakiglalis nga ang usa ka buhi nga organismo milungtad pinaagi sa higayon, milambo sa iyang kaugalingon, ug midaghan. Kon ang mga katawohan molimud sa pagbuhat sa Dios sa uniberso uban sa ingon nga bayanan sa kahibalo, sila dili makatoo sa ubang bahin sa Biblia. Sila dili makatoo sa pagwali sa paglungtad sa langit ug sa impyerno tungod kay wala gayud sila makaadto didto, ug sa pagproklamar sa Anak sa Dios nga natawo nga usa ka tawo, namatay, nabanhaw, ug misaka ngadto sa langit.

Apan, atong makita nga sa pag-abanse sa siyensiya, ang pagkasayop sa ebolusyon ang gibutyag samtang ang pagkalehitimo sa pagbuhat nagpadayon sa pag-angkon og pagkatukod. Bisan kon kita dili magpagula sa usa ka listahan sa mga siyentipikanhong ebidensya, adunay mga napulo ka libo sa mga panig-ingnan nga nagpamatuod sa pagbuhat.

Mga Ebidensiya nga Mahimo Kita Magtoo sa Dios nga Magbubuhat

Ania ang usa sa maong panig-ingnan. Adunay kapin sa duha ka gatus ka mga nasud ug bisan sa mas lain-laing mga grupo sa etnikong mga katawohan. Bisan pa niana, kon sila puti, itom, o yellow, ang matag usa kanila adunay duha ka mata. Ang matag usa kanila adunay duha ka igdulungog, usa ka ilong, ug ang duha ka buho sa ilong. Kini nga sumbanan magamit dili lamang sa mga tawo kondili ngadto usab sa mga mananap sa yuta, mga langgam sa kalangitan, ug sa mga isda sa dagat. Tungod lang kay ang sungo sa usa ka elepante mao ang talagsahon nga daku ug taas, wala magpasabot nga kini adunay labaw pa kay sa duha ka buho sa ilong. Ang matag usa sa mga tawo, mga mananap, mga langgam, ug sa mga isda adunay usa ka baba, ug ang posisyon sa mga baba gibutang nga susama. Adunay gamay nga mga kalahian uban sa posisyon sa matag organ taliwala sa lain-laing mga matang, apan alang sa labing bahin sa gambalay ug posisyon ang maoy dili mailhan.

Unsa nga paagi nga kining tanan nahitabo "pinaagi sa higayon"? Kini mao ang usa ka piraso sa lig-on nga ebidensiya nga ang usa ka Magbubuhat ang midisenyo ug nag-umol sa dili maihap nga mga katawohan, mga mananap, mga langgam, ug sa mga isda. Kon may labaw pa kay sa usa ka magbubuhat, ang dagway ug gambalay sa buhing mga butang unta nagkalain-lain sama sa gidaghanon ug kagusto sa mga magbubuhat. Apan, tungod kay ang atong Dios mao ang bugtong nga Magbubuhat, ang tanan nga buhi nga mga butang gi-umol sumala sa managsama nga desinyo.

Dugang pa, kita makakaplag sa dili maihap nga labaw pa nga mga ebidensya sa kinaiyahan ug sa uniberso, nga ang tanan modala kanato sa pagtoo nga ang Dios mao ang nagbuhat sa tanan nga mga butang. Ingon sa Mga Taga-Roma 1:20 nga nagsulti kanato, "Kay sukad pa sa pagkatukod sa kalibutan ang Iyang dili makita nga kinaiya, nga mao ang Iyang dayong gahum ug pagka-Dios, sa tin-aw naila na pinaagi sa mga butang nga iyang nabuhat, busa wala silay ikapangulipas," ang Dios midisenyo ug gi-umol ang tanang mga butang aron nga ang kamatuoran sa Iyang pagkaanaa dili ikalimod o masupak.

Sa Habakuk 2:18-19, nag-ingon kanato ang Dios, "Unsa ang kapuslanan sa linilok nga larawan, nga gililok sa nagabuhat niana; ingon man ang tinunaw nga larawan, bisan pa ang magtutudlo sa kabakakan? Sa pagkaagi nga kadtong nagahimo sa iyang dagway nagasalig man niana, aron sa paghimo nga amang sa mga larawan? Alaut siya nga nagaingon sa kahoy, 'Pagmata na!' ug sa amang nga bato, 'Tumindog ka!' ug mao ba? Ang mong manunudlo? Tan-awa, kini gihal-opan sa bulawan ug salapi, ug sa sulod niana wala gayud kinig gininhawa. Kon bisan kinsa kaninyo nag-alagad o nagtoo sa mga dios-dios nga wala makaila sa Dios, kamo kinahanglan gayud nga hingpit nga maghinulsol sa inyong mga sala pinaagi sa paggisi sa inyong mga kasingkasing.

Biblikal nga mga Ebidensya kon hain Kita sa Pagkatinuod Makatoo diha sa Dios nga Magbubuhat

Aduna pa'y daghang mga katawohan nga dili makatoo diha sa Dios bisan pa sa usa ka dili masukod nga gidaghanon sa mga ebidensiya sa palibot kanila. Mao kana nga, pinaagi sa pagpasundayag sa iyang gahum, ang Dios nagpakita kanato sa mas dayag ug dili ikalimod nga mga ebidensya sa Iyang pagkaanaa. Uban sa mga milagro nga dili mahimo sa tawo, gitugotan sa Dios ang katawohan nga magtoo diha sa Iyang pagkaanaa ug katingalahang buhat.

Sa Biblia, adunay daghan nga mga makaiikag nga mga higayon diin ang gahum sa Dios gipadayag. Ang Dagat nga Mapula nabahin, ang adlaw mihunong o kini mibalik, ug ang kalayo gikan sa langit nanaog. Ang mapait nga tubig didto sa kamingawan nahimo ngadto sa matam-is, mainom nga tubig samtang gikan sa usa ka bato migula ang tubig. Ang mga patay nabuhi, ang mga sakit nangaayo, ug ang mga morag mapildi nga mga gubat ang midaog.

Kon ang mga katawohan magtoo sa labing gamhanan nga

Dios ug mangayo Kaniya, sila makasinati sa dili mahanduraw nga buhat sa Iyang gahum. Mao kana ngano nga natala sa Dios diha sa Biblia ang daghang mga higayon diin ang Iyang gahum gipakita ug mopanalangin kanato aron magtoo.

Bisan pa niana, ang buhat sa Iyang gahum dili lang anaa sa Biblia nga nag-inusara. Tungod kay ang Dios walay kabag-ohan, pinaagi sa dili maihap nga mga ilhanan, mga katingalahan, ug buhat sa Iyang gahum, Siya nagpakita sa Iyang gahum pinaagi sa mga matuod nga mga tumuluo sa tibuok kalibutan karon; Siya misaad kanato. Sa Marcos 9:23, nagpasalig si Hesus kanato, "'Kon arang mahimo! Ang tanang butang mahimo ngadto sa magatoo." Sa Marcos 16:17-18, nagpahinumdom kanato ang atong Ginoo, "Ug kanila nga motoo maganunot kining maong mga ilhanan: sa Akong ngalan ilang pagulaon ang mga yawa; magasulti silag mga bag-ong sinultihan; makakupot silag mga bitin, ug kon makainom silag bisan unsa nga makahilo, dili sila mangadaut; ang mga masakiton pagapandongan nila sa ilang mga kamot, ug mangaayo sila."

Ang gahum sa Dios gipakita sa at Manmin Central Church

Ang iglesia kon asa ako nag-alagad ingon nga senyor pastor, ang Manmin Central Church, nagpakita sa buhat sa gahum sa

*"Unsa ako kamapasalamaton
sa diha nga imong giluwas ang akong kinabuhi ...
Naghunahuna ko nga mosalig sa akong
mga sungkod sa nahibilin sa akong kinabuhi...*

*Karon, ako makalakaw ...
Amahan, Amahan nagapasalamat ako Kanimo!"*

si Lokanesa Johanne Park
nga mahimong permanente nga may kakulangan,
milabay sa sungkod ug nagalakaw
human sa pagdawat sa pag-ampo

Dios nga Magbubuhat sa daghang panahon ug pag-usab ingon nga kini naningkamot sa pagpasangyaw sa ebanghelyo ngadto sa mga kinatumyan sa kalibutan. Sukad sa pagkatukod sa 1982 ngadto niining adlawa, ang Manmin nagdala sa dili maihap nga mga katawohan ngadto sa dalan sa kaluwasan uban sa gahum sa Dios nga Magbubuhat. Ang labing inila nga buhat sa Iyang gahum mao ang pag-ayo sa mga sakit ug sa mga may kadautan. Daghang mga katawohan nga adunay "walay kaayohan" nga mga sakit lakip na ang sa kanser, tuberculosis, paralysis, cerebral palsy, hernia, arthritis, leukemia, ug sa mga sama ang nangaayo. Ang mga demonyo gipagula, ang mga bakol mitindog ug misugod sa paglakaw ug pagdagan, ug ang mga tawo nga paralitiko gikan sa nagkalain-laing aksidente nahimong maayo. Dugang pa, diha-diha dayon human sa pagdawat sa pag-ampo, ang mga katawohan nga nag-antos sa grabeng paso nangaayo nga walay bisan unsa nga makalilisang nga uwat nga nahibilin. Ang uban kansang mga lawas nangagahi ug kinsa nga nawad-an na sa panimuot gikan sa pagdugo sa utok o pagkahilo sa gas nabuhi ug naulian dayon. Bisan ang uban pa nga mihunong sa pagginhawa mibalik sa pagkabuhi human sa pagdawat sa pag-ampo.

Daghang uban pa, nga dili makahimo sa pagpanganak human sa lima, pito, napulo, bisan pa may kaluhaan ka tuig sa kaminyoon, nakadawat og mga panalangin sa pagpanamkon human sa pagdawat sa pag-ampo. Dili maihap nga mga indibiduwal nga dili makapatalinghug, makakita, ug makasulti sa hilabihan gayud nanagdayeg sa Dios human sa pagpahiuli sa

"Nangandoy ako sa pag-adto sa imong kil...
Amahan, apan unsay mahitabo sa akon...
diha nga ako mawala na?
Ginoo, kon ihatag mo kanako ang u...
bag-o nga kinabuhi,
ako kining ihalad Kanimo..."

Si Elder Moonki Kim,
nga kalit natumba
gikan sa cerebral apoplexy,
ang gipahiuli sa panimuot ug mitindog
human sa pag-ampo ni Dr. Jaerock Lee

kadtong mga abilidad uban ang pag-ampo.

Bisan kon ang siyensiya ug medisina nagbuhat sa higanteng mga paglambo matag tuig, matag siglo, ang patay nga mga ugat dili mahiuli ug tiunay nga pagkabuta o pagkabungol dili mamaayo. Apan, ang labing gamhanan nga Dios makahimo sa pagbuhat sa bisan unsa nga butang, ingon sa Iyang pagbuhat sa usa ka butang gikan sa wala.

Nasinati kanako ang gahum sa makagagahum nga Dios sa akong kaugalingon. Ako naa na sa ganghaan sa kamatayon sa sulod sa pito ka tuig sa wala pa ako motoo Kaniya. Ako mao ang masakiton diha sa tanan nga mga bahin sa akong lawas, gawas sa akong duha ka mga mata, nga ako gianggaan nga "tindahan sa sakit." Sa mga walay pulos nga paningkamot gisulayan kanako ang Eastern ug Western nga medisina, medisina sa mga sanlahon, ang tanan nga matang sa mga herbal nga tanom, apdo sa mga oso ug mga iro, mga ulahipan, ug bisan sa tubig sa kalibang. Gihimo kanako ang matag paningkamot sa adtong panahona sa pag-antos sa pito ka tuig, apan dili maayo. Sa diha nga anaa ko sa daku nga pagkawalay paglaum sa tingpamulak sa 1974, ako adunay usa ka dili katuohan nga kasinatian. Sa higayon nga akong nahimamat ang Dios, giayo Kaniya ako sa tanan nga akong mga sakit ug mga kadautan. Sukad adto, ang Dios sa kanunay gipanalipdan ko aron nga dili ako masakit. Bisan gibati kanako ang usa ka gamay nga dili pagka-komportable sa bisan unsa nga mga bahin sa akong lawas, human sa pag-ampo uban ang pagtoo diha-diha dayon ako maayo.

Gawas pa sa akong kaugalingon ug sa akong pamilya, ako nasayud nga daghan sa mga miyembro sa Manmin nagtoo sa kinasingkasing sa labing gamhanan nga Dios ug sa ingon, sila sa kanunay himsog sa pisikal ug dili magsalig sa tambal. Sa pagpasalamat sa kalooy sa Dios nga Mananambal, daghang mga katawohan nga nahimong maayo karon nag-alagad sa iglesia nga ingon sa maunongong mga ministro sa Dios, mga ansiano, mga deakono ug mga dekonesa, ug mga trabahante.

Ang gahum sa Dios dili limitado sa pag-ayo sa mga sakit ug sa mga kadautan. Sukad nga gitukod ang Iglesia kaniadtong 1982, daghang mga miyembro sa Manmin ang nakasaksi sa dili maihap nga mga higayon diin nga ang pag-ampo uban sa pagtoo diha sa gahum sa Dios makakontrol sa panahon ingon nga kini mkahunong sa makusog nga ulan, gipanalipdan ang mga miyembro sa Manmin uban sa mga panganod sa usa ka makasunog nga silak sa Adlaw, ug maghinungdan sa bagyo nga mawala o mag-usab sa ilang mga agianan. Pananglitan, diha sa matag Hulyo ug Agosto ang lapad-nga-iglesia nga mga retreat matag bakasyon ang buhaton. Bisan kon ang uban nga bahin sa South Korea nag-antos sa kadaot nga gipahinabo sa bagyo ug baha, ang mga dapit ug mga bahin sa nasud diin ang mga retreat gibuhat sa kasagaran magpabilin nga tibuok gikan sa makusog nga ulan ug uban pang natural nga mga kalamidad. Usa ka gidaghanon sa mga miyembro sa Manmin usab makakita sa mga balangaw sa regular nga panahon, bisan sa mga adlaw nga wala kini ulan sa sayo pa.

Adunay usa pa ka labaw nga talagsaon nga bahin sa gahum sa Dios. Ang buhat sa iyang gahum nga gipakita bisan pa sa diha nga ako dili direkta nga mag-ampo alang sa masakiton nga mga katawohan. Dili maihap nga mga katawohan ang naghimaya og pag-ayo sa Dios human sa pagdawat sa pag-kaayo ug mga panalangin pinaagi sa "Pag-ampo alang sa mga Masakiton" alang sa tibuok nga kongregasyon gikan sa pulpito, ug ang "Pag-ampo" nga girekord sa mga cassette tape, mga sibya sa Internet, ug automated nga mensahe sa telepono.

Dugang pa, sa Mga Buhat 19:11-12 atong makita "Ug ang Dios naghimog dagkung mga milagro pinaagi sa mga kamot ni Pablo, nga tungod niana ang mga masakiton gipanagdad-an ug mga panyo o mga tapis nga nahidapat sa lawas ni Pablo, ug sila nangaayo sa ilang mga sakit ug namahawa kanila ang mga espiritu nga dautan." Ingon man usab, pinaagi sa mga panyo nga akong gi-ampoan, ang buhat sa mga katingalahang gahum sa Dios ang gipakita.

Dugang pa, sa diha nga ipahamtang ko ang akong mga kamot sa ibabaw ug mag-ampo sa mga litrato sa mga masakiton, mga pagpang-ayo nga molapas sa panahon ug sa luna ang mahinabo sa tibuok kalibutan. Kini maoy hinungdan nga, sa diha nga magpahigayon ko og usa ka krusada sa gawas sa nasud, ang tanan nga matang sa mga sakit ug sa mga kadautan, lakip na sa makamatay nga AIDS, nangaayo diha-diha dayon pinaagi sa gahum sa Dios nga molapas sa panahon ug sa luna.

Aron Makasinati sa Gahum sa Dios

Nagpasabot ba kini nga ang bisan kinsa nga motoo diha sa Dios makasinati sa talagsaong buhat sa Iyang gahum, ug makadawat sa mga tubag ug mga panalangin? Daghang mga katawohan ang nag-angkon sa ilang pagtoo sa Dios, apan dili ang tanan kanila makasinati sa gahum. Imo lang masinati ang Iyang gahum kon ang imong pagtoo diha sa Dios mao ang gipakita sa buhat ug Iyang giila, "Nakahibalo ko nga ikaw nagtoo kanako."

Ang Dios maghunahuna sa kamatuoran lamang nga ang usa ka tawo mamati sa pagwali sa usa ka tawo ug moanha sa pagtambong sa usa ka pagsimba nga serbisyo ingon nga "pagtoo." Apan, aron sa pagpanag-iya sa tinuod nga pagtoo diin kamo makadawat og pag-ayo ug mga tubag, kamo kinahanglan gayud nga makadungog ug masayud mahitungod sa kon kinsa ang Dios, kon nganong si Hesus mao ang atong Manluluwas, ug sa pagkaanaa sa langit ug sa impiyerno. Sa diha nga kamo makasabut niini nga mga butang, maghinulsol sa inyong mga sala, magdawat kang Hesus ingon nga imong Manluluwas, ug magdawat sa Espiritu Santo, kamo makadawat og usa ka katarungan isip nga usa ka anak sa Dios. Kini mao ang unang lakang ngadto sa tinuod nga pagtoo.

Ang mga katawohan nga nag-angkon sa tinuod nga pagtoo mopakita sa mga buhat nga nagpamatuod sa maong pagtoo. Ang Dios makakita sa mga buhat sa pagtoo ug motubag sa mga tinguha sa ilang mga kasingkasing. Kadtong makasinati sa buhat sa iyang gahum magpakita sa mga ebidensya sa pagtoo ngadto Kaniya ug giuyonan sa Dios.

Ang pagpahimuot sa Dios uban sa mga Buhat sa Pagtoo

Ania ang pipila ka mga panig-ingnan gikan sa Biblia. Una, sa 2 Hari 5 mao ang istorya ni Naaman, kapitan sa panon sa hari sa Aram. Si Naaman nakasinati sa buhat sa gahum sa Dios human sa pagpakita sa mga buhat sa iyang pagtoo pinaagi sa pagsunod sa Profeta nga si Eliseo, kung kinsa ang Dios nakigsulti.

Si Naaman usa ka inila nga heneral sa kinatibuk-ang gingharian ni Aram. Sa diha nga siya may sanla si Naaman mibisita kang Eliseo, nga giingon nga nagbuhat og milagrosong mga katingalahan. Apan, sa dihang ang maong impluwensiyado ug inila nga heneral sama ni Naaman ang miabot kang Eliseo uban sa usa ka dakung gidaghanon sa bulawan, salapi, ug panapton, ang manalagna nagpadala lamang ug usa ka sulogoon kang Naaman, ug gisuginlan siya, "Lakaw ug maghugas ka didto sa Jordan sa makapito" (b. 10).

Sa una, si Naaman makita nga nasuko og pag-ayo tungod kay siya wala makadawat sa husto nga pagtambal gikan sa manalagna. Dugang pa, sa baylo nga si Eliseo ang mag-ampo alang kaniya, si Naaman giingnan nga moadto og maghugas sa iyang kaugalingon didto sa Suba sa Jordan. Apan, si Naaman sa wala madugay nausab ang iyang hunahuna ug mituman. Bisan tuod ang mga pulong ni Eliseo wala sa iyang gusto ug wala mouyon sa iyang mga hunahuna, si Naaman determinado sa labing menos sa pagsulay sa pagsunod sa usa ka profeta sa Dios.

Sa panahon nga si Naaman gihugasan ang iyang kaugalingon sa unom ka mga higayon didto sa Suba sa Jordan, walay makita nga mga kausaban nga gihimo sa iyang sanla. Bisan pa niana, sa diha nga si Naaman gihugasan ang iyang kaugalingon diha sa Jordan sa ikapito nga higayon, ang iyang unod nahiuli ug nahimong mahinlo nga sama sa usa ka batan-ong lalaki (b. 14).

Sa espirituhanon nga paagi, ang "tubig" nagsimbolo sa pulong sa Dios. Ang kamatuoran nga gituslob ni Naaman ang iyang kaugalingon didto sa Suba sa Jordan nagpasabot nga pinaagi sa Iyang Pulong, si Naaman nahinloan sa iyang mga sala. Dugang pa, ang numero nga "pito" nagpasabot sa kahingpitan; sa kamatuoran nga gituslob ni Naaman ang iyang kaugalingon diha sa Suba "sa makapito ka higayon" nagpasabot nga ang heneral nakadawat sa bug-os nga kapasayloan.

Pinaagi sa mao gihapon nga timaan, kon kita magtinguha sa pagdawat sa mga tubag sa Dios, kita kinahanglan una nga hingpit gayud nga maghinulsol sa atong tanan nga mga sala, sa paagi nga gibuhat ni Naaman. Bisan pa niana, ang paghinulsol dili matapos sa pag-ingon lang og, "Naghinulsol ako. Nagbuhat ko og sayop." "Kinahanglan nga imong "gision ang imong kasingkasing "(Joel 2:13). Dugang pa, sa diha nga ikaw hingpit nga maghinulsol sa imong mga sala, kinahanglan gayud kanimo nga masulbad kini pinaagi sa dili pagbuhat sa sama nga sala pag-usab. Mao lang unya nga ang paril sa sala taliwala kanimo ug sa Dios ang malaglag, ang kalipay mogikan sa sulod, ang imong mga problema masulbad, ug ikaw makadawat sa mga tubag sa mga tinguha sa imong kasingkasing.

Ikaduha, diha sa 1 Hari 3 atong makita si Haring Solomon nga naghalad sa usa ka libo ka mga halad-sinunog sa atubangan sa Dios. Pinaagi niini nga mga paghalad, gipakita ni Solomon ang mga buhat sa iyang pagtoo aron makadawat sa mga tubag sa Dios, ug ingon sa usa ka resulta nadawat gikan sa Dios dili lamang kon unsa ang iyang gipangayo, apan usab sa unsay wala kaniya pangayoa.

Para kang Solomon nga maghalad sa usa ka libo ka mga halad-nga-sinunog, gikinahanglan kini og usa ka dako nga kantidad sa pagpahinungod. Alang sa matag halad, ang hari kinahanglan modakop sa mga mananap ug sa pag-andam kanila. Mahanduraw ba kanimo kon sa unsa kadaghan nga panahon, paningkamot, ug salapi nga magasto niini sa paghatag sa maong mga halad usa ka libo nga higayon? Ang matang sa debosyon nga gipakita ni Solomon dili unta posible kon ang hari wala motoo sa Dios nga buhi.

Sa diha nga nakita Kaniya ang dedikasyon ni Solomon, gihatagan siya sa Dios dili lamang sa kaalam, nga ang hari sa sinugdan nagtinguha, apan usab sa bahandi ug kadungganan - aron nga sa iyang tibuok kinabuhi siya walay managsama taliwala sa mga hari.

Sa katapusan, sa Mateo 15 mao ang istorya sa usa ka babaye nga gikan sa mga Siriahanon nga Fenicia kansang anak nga babaye mao ang giyawaan. Siya miadto sa atubangan ni Hesus sa usa ka mapainubsanon ug dili mausab nga kasingkasing, mihangyo kang Hesus sa pag-kaayo, ug nakadawat sa tinguha sa iyang kasingkasing sa katapusan. Apan, sa tim-os nga pagpakilimos sa babaye, si Hesus wala sa sinugdanan motubag, "Sige, ang imong anak nga babaye maayo." Hinunoa, Siya miingon sa babaye, "Dili matarung nga kuhaon ang tinapay nga alang sa mga anak ug iitsa ngadto sa mga iro" (b. 26). Iyang gitandi ang babaye ngadto sa usa ka iro. Kon ang babaye wala untay pagtoo, siya unta dakung maulaw o sa dili masuko. Apan, kini nga babaye naay pagtoo nga gipasaligan Siya sa tubag ni Hesus, ug dili nahigawad ni maluya. Hinonoa, siya nagpabilin sa pagkupot kang Hesus nga mas mapainubsanon. "Oo, Ginoo" miingon ang babaye kang Hesus, "apan bisan ang mga iro nagkaon sa mga mumho nga matagak gikan sa lamesa sa ilang mga agalon." Sa niini, si Hesus nalipay pag-ayo sa pagtoo sa babaye ug dihadiha gipaayo ang iyang giyawaan nga anak nga babaye.

Sama niini, kon kita buot nga makadawat sa pag-ayo ug mga tubag, kita kinahanglan gayud nga mopakita sa atong pagtoo ngadto sa katapusan. Dugang pa, kon ikaw mag-angkon sa pagtoo ko hain kamo makadawat sa Iyang mga tubag, kamo kinahanglan gayud nga sa pisikal itanyag ang imong kaugalingon sa atubangan sa Dios.

Siyempre, tungod kay ang gahum sa Dios gipakita sa hilabihan gayud didto sa Manmin Central Church, kini mao ang posible nga makadawat sa pag-ayo sa mga panyo nga akong nag-ampo o sa mga litrato. Apan, gawas kon ang usa ka tawo nga masakiton anaa sa usa ka kritikal nga kahimtang o sa gawas sa nasud, ang tawo sa iyang kaugalingon kinahanglan gayud nga moadto sa atubangan sa Dios. Ang usa makasinati sa gahum sa Dios lamang human makadungog sa Iyang pulong ug sa pag-angkon og pagtoo. Dugang pa, kon ang tawo anaay diperensiya sa hunahuna o giyawaan ug sa ingon dili makaadto sa atubangan sa Dios pinaagi sa iyang kaugalingon nga pagtoo, unya sama sa babaye nga gikan sa mga Siriahanon nga Fenicia, ang iyang mga ginikanan o pamilya kinahanglan gayud nga moadto sa atubangan sa Dios alang kaniya uban ang gugma ug pagtoo.

Dugang pa sa mga niini, adunay daghan pa nga mga ebidensya sa pagtoo. Pananglitan, diha sa nawong sa usa ka tawo nga nagbaton sa pagtoo nga mahimo siya makadawat og mga tubag, ang kalipay ug pasalamat kanunay makita. Sa Marcos 11:24, nagsulti si Hesus kanato, "Busa sultihan Ko kamo, nga bisan unsay inyong pangayoon pinaagi sa pag-ampo, toohi nga inyo na kini nga nadawat, ug kamo magadawat niini." Kon ikaw adunay tinuod nga pagtoo, ang imong mahimo lamang ang magmalipayon ug mapasalamaton sa tanang panahon. Dugang pa, kon nag-angkon kamo sa pagtoo diha sa Dios, kamo mosunod ug mabuhi pinaagi sa Iyang Pulong. Tungod kay ang Dios mao ang kahayag, ikaw maningkamot sa paglakaw diha sa kahayag ug pagbag-o.

Ang Dios nahamuot sa atong mga buhat sa pagtoo ug motubag sa mga tinguha sa atong mga kasingkasing. Ikaw ba nagpagpanag-iya sa matang ug gidak-on sa pagtoo nga ang Dios mouyon?

Sa Mga Hebreohanon 11:6 kita gipahinumduman, "Ug kon walay pagtoo dili gayud mahimo ang pagpahimuot Kaniya, kay bisan kinsa nga magaduol sa Dios kinahanglan magatoo sa iyang pagkaanaa ug nga Siya magabalus ra sa mga magapangita Kaniya."

Pinaagi sa husto nga pagsabot sa unsa kini ang tuhoan diha sa Dios ug sa pagpakita sa inyong pagtoo, unta ang matag usa kaninyo magpahimuot Kaniya, makasinati sa Iyang gahum, ug magdala sa usa ka bulahan nga kinabuhi, sa ngalan sa atong Ginoong Hesukristo ako nag-ampo!

Mensahe 2
Aron Magtoo sa Ginoo

Mga Hebreohanon 12:1-2

Busa, sanglit ginalibutan man kita
sa ingon nga mabagang panganud sa mga saksi,
iwakli ta ang tanang kabug-at ug ang sala
nga nagapiit paglikos kanato,
ug dalaganon ta nga malahutayon ang lumba
nga atong ginaapilan,
nga magatutok kang Hesus,
nga mao ang mag-uugmad
ug maghihingpit sa atong pagtoo,
nga tungod sa kalipay nga gibutang sa Iyang atubangan
miantus sa krus,
sa walay pagsapayan sa pagkamakauulaw niini,
ug karon nagalingkod Siya
diha sa too sa trono sa Dios (

Daghang mga tawo karon ang nakadungog sa ngalan nga "Hesukristo." Usa ka makapatingala nga gidaghanon sa mga katawohan, bisan pa niana, wala masayud nganong si Hesus mao ang bugtong nga Manluluwas alang sa katawohan o nganong kita makadawat lang sa kaluwasan kon kita magtoo kang Hesukristo. Mas grabe pa, adunay mga pipila ka mga Kristohanon nga dili makatubag sa mga pangutana sa ibabaw, bisan pa sila direktang may kalabutan sa kaluwasan. Kini nagpasabot nga kini nga mga Kristohanon nagdala sa ilang mga kinabuhi diha kang Kristo nga walay bug-os nga pagsabut sa espirituhanon nga kahulogan niadtong mga pangutana.

Busa, kon kita lamang husto nga mahibalo ug makasabot ngano nga si Hesus mao ang atong bugtong nga Manluluwas ug unsa kini ang dawaton ug tuohan diha Kaniya, ug mag-angkon sa tinuod nga pagtoo, maong mahimo nga kita makasinati sa gahum sa Dios.

Ang ubang mga katawohan mitagad lamang kang Hesus ingon nga usa sa upat ka daku nga mga balaan. Ang uban naghunahuna lamang Kaniya ingon nga ang nagtukod sa Kristiyanidad, o ingon sa usa ka mapasayloon nga tawo nga naghimo sa usa ka daghan kaayong maayo sa panahon sa Iyang kinabuhi.

Apan, kadtong kita nga nahimong mga anak sa Dios kinahanglan nga makahimo sa pagsugid nga si Hesus mao ang Manluluwas sa katawohan nga mitubos sa tanan nga mga katawohan gikan sa ilang mga sala. Unsa nga paagi nga kita posible nga makatandi sa bugtong nga Anak sa Dios, si Hesukristo, sa mga tawo, nga mga linalang lamang? Bisan sa panahon ni Hesus, atong makita nga adunay daghan nga mga lain-laing mga panglantaw nga pinaagi niini ang mga katawohan naghunahuna Kaniya.

Ang Anak sa Dios ang Magbubuhat, ang Manluluwas

Sa Mateo 16 mao ang usa ka talan-awon diin si Hesus nangutana sa Iyang mga disipolo, "Sumala sa sulti sa mga tawo, kinsa man kono ang Anak sa Tawo" (b 13.) Sa pagkutlo sa tubag sa lain-laing mga katawohan, mitubag ang mga disipolo, "Ang uban naga-ingon nga si Juan nga Bautista kuno; ang uban nagaingon nga si Elias kuno; ug ang uban, nga si Jeremias kuno o usa sa mga profeta"; (b. 14). Unya si Hesus nangutana sa iyang mga disipolo, "Apan kamo, unsa may inyong sulti, kinsa man ako?" (b. 15) Sa dihang si Pedro mitubag, "Ikaw mao ang Kristo, ang Anak sa Dios nga buhi" (b. 16), gidayeg siya ni Hesus, "Dalaygon ikaw, Simon Barjona! Kay wala kini ipadayag kanimog tawo, kondili giapadayag kini kanimo sa Akong Amahan nga anaa sa langit" (b. 17). Pinaagi sa dili maihap nga mga buhat sa gahum sa Dios nga gipasundayag ni Hesus, si Pedro sigurado nga Siya mao ang Anak sa Dios nga Magbubuhat ug ang Kristo, ang Manluluwas sa katawohan.

Sa sinugdanan, gibuhat sa Dios ang usa ka tawo gikan sa abog sa Iyang kaugalingong dagway, ug gidala siya ngadto sa Tanaman sa Eden. Sa Tanaman anaa ang mga kahoy sa kinabuhi ug ang kahoy sa pag-ila sa maayo ug sa dautan, ug nagsugo ang Dios sa una nga tawo nga si Adan, "Makakaon ka sa tanan nga kahoy sa tanaman; apan sa kahoy sa pag-ila sa maayo ug sa dautan, dili ka magkaon niini, kay sa adlaw nga mokaon ka niini, mamatay ka gayud" (Genesis 2: 16-17).

Human sa usa ka hataas nga panahon ang milabay, ang unang lalaki ug babaye nga si Adan ug si Eva gitintal sa bitin, nga giaghat ni Satanas, ug misupak sa sugo sa Dios. Sa katapusan, sila nangaon gikan sa kahoy sa pag-ila sa maayo ug sa dautan ug gipapahawa gikan sa Tanaman sa Eden. Ingon sa usa ka sangputanan sa ilang mga buhat, ang mga kaliwat ni Adan ug Eva nakapanunod sa ilang makasasala nga kinaiya. Dugang pa, ingon nga ang Dios misulti kang Adan nga siya sa pagkatinuod mamatay, ang tanan nga mga espiritu sa iyang mga kaliwat gidala ngadto sa walay katapusan nga kamatayon.

Busa, sa wala pa sa sinugdanan sa panahon, giandam sa Dios ang dalan sa kaluwasan, ang Anak sa Dios nga Manunuga nga si Hesuskristo. Ingon sa Mga Buhat 4:12 nga nagsulti kanato, "Ug walay kaluwasan pinaagi kang bisan kinsa pa nga lain; kay walay bisan unsa pang lain nga ngalan sa silong sa langit, nga gikahatag ngadto sa mga tawo nga pinaagi niini maluwas kita," gawas kang Hesukristo, walay bisan usa nga lain sa kasaysayan mao ang kwalipikado nga mahimong Manluluwas sa katawohan.

Ang Probidensya sa Dios nga Gitagoan sa Wala pa Nagsugod ang Panahon

Ang 1 Mga Taga-Corinto 2:6-7 nag-ingon kanato, "Ngani, kami managsulti man ug kaalam ngadto sa mga magtotoo nga hamtong na; hinoon kini maoy kaalam nga dili iya niining kapanahonan karon ni sa iyang mga punoan, kinsang gahum nagapaingon na sa pagkawagtang; apan ang among panagsultihan mao ang tinagoan ug sinalipdan nga kaalam sa Dios, nga sa wala pa ang kapanahonan gitagana sa Dios alang sa atong kahimayaan." Ang 1 Mga Taga-Corinto 2:8-9 nagpadayon sa pagpahinumdom kanato, "Walay bisan usa sa mga punoan niining kapanahonan karon nga nakasabut niini; kay kong nakasabut pa, ang Ginoo sa kahimayaan dili unta nila ilansang sa krus; apan ingon sa nahisulat, 'Ang wala makita sa mata, ni madungog sa dalunggan, ni mosantop sa kasingkasing sa tawo, ang gikatagana sa Dios alang kanila nga nahigugma Kaniya,'" Kita kinahanglan gayud nga makaamgo nga ang dalan ngadto sa kaluwasan nga giandam sa Dios alang sa katawohan sa wala pa ang sinugdanan sa panahon mao ang dalan sa krus ni Hesukristo, ug kini mao ang kaalam sa Dios nga gitagoan.

Ingon nga ang Magbubuhat, kanunay nagahari ang Dios sa tanang butang sa uniberso ug nagdumala sa kasaysayan sa katawohan. Ang hari o ang presidente sa usa ka nasud nagdumala sa iyang nasud sumala sa balaod sa yuta; ang ehekutibo nga pangulo nga opisyales sa usa ka korporasyon nagdumala sa iyang kompaniya sumala sa mga sumbanan sa kompaniya; ug ang pangulo sa usa ka panimalay modumala sa iyang pamilya sumala sa mga lagda sa pamilya. Ingon man usab, bisan pa ang Dios mao ang tag-iya sa tanan nga mga butang sa uniberso, Siya sa kanunay nagmando sa tanang mga butang sumala sa balaod sa espirituhanon nga ginsakpan sama sa makita diha sa Biblia.

Sumala sa balaod sa mga espirituhanon nga ginsakpan, adunay usa ka lagda, "Kay ang suhol gikan sa sala mao ang kamatayon" (Mga Taga-Roma 6:23), nga nagsilot sa mga sad-an, ug naay usab usa ka lagda nga makalukat kanato gikan sa atong mga sala. Mao nganong gipadapat sa Dios ang lagda aron nga malukat kita gikan sa atong mga sala aron sa pagpahiuli sa awtoridad nga nawala ngadto sa kaaway nga yawa uban sa pagkadili-masinugtanon ni Adan.

Unsa ang lagda sa diin ang katawohan mahimong malukat ug sa pagpahiuli sa awtoridad sa unang tawo nga si Adan nga gihatag ngadto sa kaaway nga yawa? Sumala sa "balaod sa katubsanan sa yuta," nag-andam ang Dios sa dalan sa kaluwasan alang sa katawohan sa wala pa ang panahon nagsugod.

.

Si Hesukristo mao ang kwalipikado sumala sa sa Balaod sa Katubsanan sa Yuta

Gihatag sa Dios sa mga Israelinhon ang "balaod sa katubsanan sa yuta," nga midikta sa mosunod: ang yuta dili ibaligya og permanente; ug, kon ang usa nahimong kabus ug gibaligya ang iyang yuta, ang iyang labing duol nga paryente o ang tawo sa iyang kaugalingon mao ang moanha ug magtubos sa yuta, sa ingon nga pagpasig-uli sa pagpanag-iya sa yuta (Levitico 25:23-28).

Ang Dios nasayud og una nga si Adan mohatag sa awtoridad nga iyang nadawat gikan sa Dios ngadto sa yawa pinaagi sa iyang pagkadili-masinugtanon. Dugang pa, ingon nga ang mga matuod ug orihinal nga Tag-iya sa tanan nga mga butang sa uniberso, ang Dios gitugyan ngadto sa yawa ang awtoridad ug himaya nga si Adan sa makausa nagpanag-iya, sama sa gikinahanglan sa balaod sa espirituhanon nga ginsakpan. Mao kana nganong sa diha nga ang yawa mitintal ni Hesus sa Lucas 4 pinaagi sa pagpakita Kaniya sa tanan nga mga gingharian sa kalibutan, nga siya makaingon ni Hesus, "Kanimo ihatag ko kining tanang kagamhanan ug ang ilang kahimayaan; kay kini gikatugyan man kanako ug igahatag ko kini kang bisan kinsa nga akong kagustohan." (Lucas 4: 6-7).

Sumala sa balaod sa katubsanan sa yuta, ang tanan nga mga yuta iya sa Dios. Busa, ang tawo dili gayud mahimo nga ibaligya ang mga kini sa permanente ug sa diha nga ang usa ka tawo uban sa husto nga mga kwalipikasyon magpakita, ang gibaligya nga kayutaan kinahanglan ipahiuli anang tawhana. Ingon man usab, ang tanan nga mga butang sa uniberso iya sa Dios, mao nga si Adan dili "makabaligya" sa mga niini og permanente, ug ni ang mga yawa makapanag-iya sa mga niini og permanente. Busa, sa diha nga ang usa ka tawo makahimo sa pagtubos sa nawala nga awtoridad ni Adan magpakita, ang kaaway nga yawa walay pagpilian apan sa pagtugyan sa awtoridad nga iyang nadawat gikan kang Adan.

Sa wala pa ang sinugdanan sa panahon, ang Dios sa hustisya miandam sa usa ka walay-kabasolan nga tawo nga hingpit nga kwalipikado sumala sa balaod sa katubsanan sa yuta, ug kanang dalan sa kaluwasan alang sa katawohan mao si Hesukristo.

Sa unsa nga paagi, unya, sumala sa balaod sa katubsanan sa yuta, mahimo ni Hesukristo nga mahiuli ang awtoridad nga gitugyan ngadto sa kaaway nga yawa? Sa diha lang nga maangkon ni Hesus ang mosunod nga upat ka mga kwalipikasyon, nga mahimo Kaniya nga matubos ang tanan nga mga tawo gikan sa mga sala ug sa pagpahiuli sa awtoridad nga gitugyan ngadto sa kaaway nga yawa.

Una, ang manunubos kinahanglan nga usa ka lalaki nga, "labing duol nga kaubanan" ni Adan.

Ang Levitico 25:25 nagsulti kanato, "Kon ang imong igsoon mahimong kabus, ug magabaligya ug diyutay niadtong iya na nga kaugalingong yuta, nan moanha ang iyang labing duol nga kabanayan, ug pagalukaton niya ang gibaligya sa iyang igsoon." Sanglit "ang labing duol nga kaubanan" makahimo sa pagtubos sa yuta, aron sa pagpahiuli sa awtoridad nga gihatag ni Adan, nga ang "labing duol nga kaubanan" kinahanglan nga usa ka lalaki. Sa 1 Mga Taga-Corinto 15: 1-22 mabasa nga, "Kay maingon nga pinaagi sa usa ka tawo miabut ang kamatayon, pinaagi usab sa usa ka tawo nahiabut ang pagkabanhaw sa mga patay. Kay maingon nga diha kang Adan ang tanan nangamatay, maingon man usab diha kang Kristo ang tanan mangabuhi." Sa laing mga pulong, ingon nga ang kamatayon misulod pinaagi sa pagkamasupilon sa usa ka tawo, ang pagkabanhaw sa mga patay nga espiritu kinahanglan nga matuman pinaagi sa usa ka tawo.

Si Hesukristo mao "ang Pulong [nga] nahimong unod" ug miabut sa yuta (Juan 1:14). Siya mao ang Anak sa Dios, natawo sa unod uban sa parehong balaan ug sa tawo nga kinaiya. Dugang pa, ang Iyang pagkatawo mao ang usa ka kasaysayan nga kamatuoran ug adunay daghang mga ebidensya nga nagpamatuod niini nga kamatuoran. Hilabi na mamatikdan, ang kasaysayan sa katawohan nagpasabot sa paggamit sa "B.C." o "Sa wala pa si Kristo," ug "A.D." o "Anno Domini" sa Latin, nga nagpasabot "sa tuig sa atong Ginoo."

Tungod kay si Hesukristo mianhi sa kalibutan sa unod, Siya mao ang "labing duol nga kaubanan" ni Adan ug nakaangkon sa unang kwalipikasyon.

Ikaduha, ang manunubos kinahanglan dili mahimo nga usa ka kaliwat ni Adan.

Alang sa usa ka indibiduwal nga makatubos sa uban gikan sa ilang mga sala, dili siya kinahanglan nga usa ka makasasala sa iyang kaugalingon. Ang tanan nga mga kaliwat ni Adan, nga sa iyang kaugalingon nahimong usa ka makasasala pinaagi sa iyang pagkamasupilon, mga makasasala. Busa, sumala sa balaod sa katubsanan sa mga yuta, ang manunubos kinahanglan dili mahimo nga usa ka kaliwat ni Adan.

Sa Pinadayag 5:1-3 mao ang mosunod:

Ug nakita ko, sa toong kamot niadtong naglingkod sa trono, ang usa ka basahong linukot nga may sinulat diha sa sulod ug sa likod niini, nga minarkahan ug pito ka timri. Ug nakita ko ang usa ka kusgan nga manolunda nga nagapahibalo pinaagi sa makusog nga tingog nga nagaingon, "Kinsa ba ang takus sa pag-abli sa basahong linukot ug sa pagtangtang sa mga timri niini?" Ug walay mausa sa langit o sa yuta o sa ilalum sa yuta nga arang makaabli sa basahong linukot o sa pagtan-aw sa sulod niini.

Dinhi, ang basahon nga "minarkahan ug pito ka timri" nagtumong sa usa ka kontrata taliwala sa Dios ug sa yawa human sa pagkamasupilon ni Adan, ug ang usa nga mao ang "kinsa ba ang takus sa pag-abli sa basahong linukot ug sa pagtangtang sa mga timri niini" kinahanglan nga kwalipikado sumala sa balaod sa katubsanan sa yuta. Sa diha nga si apostol Juan mitan-aw sa palibot alang sa usa ka tawo nga makahimo sa pag-abli sa basahong linukot ug sa pagtangtang sa mga timri niini, siya dili makapangita'g bisan kinsa.

Si Juan mitan-aw sa langit ug may mga anghel apan walay tawo. Siya mitan-aw sa ibabaw sa yuta ug nakita lang ang mga kaliwat ni Adan, ang tanan mga makasasala. Siya mitan-aw sa ilalum sa yuta ug nakita lang ang mga makasasala nga gitagana sa impiyerno ug mga binuhat nga iya sa yawa. Si Juan mihilak ug mihilak tungod kay walay usa nga nakaplagan nga kwalipikado sumala sa balaod sa katubsanan sa yuta (b. 4).

Unya, ang usa sa mga ansyano gilipay si Juan, ug misulti kaniya "Ayaw paghilak; tan-awa, nagmadaugon ang Leon sa banay ni Juda, ang Gamut ni David, nga tungod niana makahimo siya sa pag-abli sa basahong linukot ug sa pito ka mga timri niini" (b. 5). Dinhi, "ang Leon sa banay ni Juda, ang Gamut ni David" nagtumong kang Hesus, nga anaa sa mga banay sa Juda ug sa balay ni David; Si Hesukristo mao ang kwalipikado nga nga manunubos sumala sa balaod sa katubsanan sa yuta.

Gikan sa Mateo 1:18-21, atong makita ang usa ka detalyado nga asoy sa pag-anak sa atong Ginoo:

Ug ang pag-anak kang Hesukristo nahitabo sa ingon niini nga kaagi: Sa diha nga ang Iyang inahan nga si Maria kaslonon pa kang Jose, sa wala pa sila mag-usa, siya hingkaplagan nga nagsamkon pinaagi sa Espiritu Santo. Ug si Jose nga iyang bana, sanglit tawo man siyang matarung ug dili buot magpakaulaw kaniya, nakahunahuna sa pagpakigbulag kaniya sa hilum. Apan sa nagpalandong siya sa pagbuhat niini, tan-awa, usa ka manolunda sa Ginoo mitungha kaniya pinaagi sa damgo ug miingon, "Jose, anak ni David, ayaw pagpanuko sa pagpangasawa kang Maria, kay kanang iyang gisamkon gikan sa Espiritu Santo. Ug igaanak niya ang usa ka bata nga lalaki; ug Siya imong pagan-ganlan si Hesus, kay Siya mao man ang magaluwas sa iyang katawohan gikan sa ilang mga sala."

Ang rason nga ang bugtong nga Anak sa Dios nga si Hesukristo mianhi niining kalibutan sa unod (Juan 1:14) pinaagi sa tagoangkan sa Birheng Maria tungod kay si Hesus kinahanglan nga usa ka tawo, apan dili usa ka kaliwat ni Adan, aron nga Siya mahimong kwalipikado sumala sa balaod sa katubsanan sa yuta.

Ikatulo, ang manunubos kinahanglan nga adunay gahum.

Pananglit ang usa ka manghod nga igsoon nahimong kabus ug nagbaligya sa iyang yuta, ug ang iyang magulang nga igsoon nga lalaki gusto unta nga tubson ang yuta alang sa iyang manghod nga lalaki. Unya, ang magulang nga igsoon nga lalaki kinahanglan makaangkon sa igo nga mga paagi aron nga malukat kini (Levitico 25:26). Sa susama, kon ang manghod nga lalaki anaa sa daku nga utang ug ang iyang magulang nga igsoon nga lalaki gusto nga mobayad sa utang, ang magulang nga igsoon nga lalaki mahimong makabuhat niana kung siya adunay "igo nga mga paagi," dili lang maayo nga intensyon.

Pinaagi sa mao gihapon nga timaan, aron sa pagbag-o sa usa ka makasasala ngadto sa usa ka matarung nga tawo, "ang igo nga mga paagi" o gahum ang gikinahanglan. Dinhi, ang gahum sa paglukat sa yuta nagtumong sa gahum sa pagtubos sa tanang mga tawo gikan sa mga sala. Sa laing mga pulong, ang manunubos sa tanan nga mga tawo nga kwalipikado sumala sa balaod sa katubsanan sa yuta dili makabaton sa bisan unsa nga sala nga nakita diha kaniya.

Tungod kay si Hesukristo dili usa ka kaliwat ni Adan, siya walay orihinal nga sala. Ni si Hesukristo adunay bisan unsa nga-sa-kaugalingon nahimo nga mga sala kay nagsunod siya sa tanan nga mga balaod sa panahon sa Iyang 33 ka tuig sa kinabuhi sa ibabaw sa yuta. Siya gisirkonsiyon sa ikawalo ka adlaw human sa Iyang pagkatawo ug sa wala pa sa iyang tulo-ka-tuig nga ministeryo, sa bug-os nagtuman si Hesus ug nahigugma sa Iyang mga ginikanan ngadto sa kinatumyan, ug sa matinud-anon nagbantay sa tanan nga mga sugo.

Mao kana ngano nga nagsulti kanato ang Mga Hebreohanon 7:26, "Kay angay alang kanato ang pagpakabaton sa maong labaw nga saserdote, balaan, walay sala, walay lama, linain gikan sa mga makasasala, tinuboy ngadto sa kahitas-an labaw pa sa kalangitan." Sa 1 Pedro 2:22-23, kita makakaplag, "Si [Kristo] walay nahimo nga pagpakasala, ni walay hingkaplagang limbong diha sa Iyang baba; ug sa gisultihan Siyag pasipala, wala Siya mobalus pagsultig pasipala; sa nag-antus Siya, wala Siya manghulga; hinonoa gisalig lamang Kaniya ang tanan ngadto Kaniya nga nagapanghukom uban sa katarungan."

Ikaupat, ang manunubos kinahanglan nga adunay gugma.

Aron alang sa katubsanan sa mga yuta nga matuman, dugang pa sa tulo ka mga kondisyon sa ibabaw, ang gugma gikinahanglan. Kung walay gugma, ang usa ka magulang nga igsoon nga lalaki nga makahimo sa pagtubos sa yuta alang sa iyang manghod nga igsoon nga lalaki dili magtubos sa yuta.

Bisan kon ang usa ka magulang nga lalaki mao ang pinakaadunahan nga tawo diha sa yuta samtang ang iyang manghod nga lalaki adunay usa ka daku kaayo nga kantidad sa utang, kon walay gugma sa magulang nga igsoon nga lalaki dili siya motabang sa manghod nga igsoon. Unsa man ang kamaayo sa gahum sa magulang nga igsoon nga lalake ug bahandi alang sa manghod nga lalaki?

Sa Ruth 4 mao ang istorya ni Boaz, nga nahibalo sa kahimtang nahikaplagan sa ugangan nga babaye ni Ruth nga si Noemi. Sa diha nga giingnan ni Boaz ang "duol nga kaubanan-manunubos" nga tubson ang panulundon ni Naomi, ang duol nga kaubanan-manunubos mitubag, "Dili kana malukat nako sa akong kaugalingon, tingali hinoon mausik ang akong kaugalingon nga panulundon. Kuhaon mo ang akong katungod sa paglukat pag-usab niana; kay ako dili makalukat niana" (b. 6). Unya si Boaz, sa iyang dagaya nga gugma, gitubos ang yuta alang kang Noemi. Pagkahuman, si Boaz sa hilabihan napanalanginan nga usa ka katigulangan ni David.

Si Hesus, nga mianhi sa kalibutan diha sa unod, dili usa ka kaliwat ni Adan tungod kay siya gipanamkon pinaagi sa Espiritu Santo, ug walay nahimong sala. Busa, Siya adunay "igo nga mga paagi" aron sa pagtubos kanato. Apan, kon si Hesus walay gugma, siya dili nakalahutay sa kasakit sa paglansang sa krus. Bisan pa niana, si Hesus puno sa gugma nga Siya gilansang sa krus sa mga mga linalang lamang, gibubo ang tanan Kaniyang dugo, ug mitubos sa katawohan, busa nagbukas sa dalan sa kaluwasan. Kini mao ang resulta sa dili masukod nga gugma sa atong Amahan nga Dios ug ang sakripisyo ni Hesus nga masulundon ngadto sa punto sa kamatayon.

Ang Rason nga si Hesus Gibitay sa usa ka Kahoy

Nganong gibitay man si Hesus sa usa ka kahoy nga krus? Kini mao ang sa pagtagbaw sa balaod sa espirituhanon nga ginsakpan, nga nagdikta nga "Gilukat kita ni Kristo gikan sa tunglo sa Kasugoan, sa diha nga nahimo Siyang tunglo alang kanato-kay nahisulat kini nga nagaingon, 'Matinunglo ang matag-usa nga pagabitayon diha sa kahoy' (Galacia 3:13). Si Hesus gibitay sa usa ka kahoy alang kanato aron nga Siya makatubos kanato nga mga makasasala gikan sa "sa tunglo sa balaod."

Ang Levitico 17:11 nagsulti kanato, "Kay ang kinabuhi sa unod anaa sa dugo; ug Ako naghatag kaninyo niana aron sa pagtabon-sa-sala sa inyong mga kalag sa ibabaw sa halaran; kay ang dugo mao ang nagahimo sa pagtabon-sa-sala, tungod sa kinabuhi." Anga Mga Hebreohanon 9:22 mabasa nga, "Ug sumala sa Balaod, mahimo nga ang usa ka tawo hapit makasulti nga ang tanan nga mga butang ginahinloan sa dugo, ug gawas sa pag-ula sa dugo walay kapasayloan." Ang dugo mao ang kinabuhi tungod kay "walay kapasayloan" sa gawas sa pagpaagas sa dugo. Gibubo ni Hesus ang Iyang walay-ikasaway ug bililhon nga dugo aron nga kita makabaton ug kinabuhi.

Dugang pa, pinaagi sa Iyang pag-antus sa krus, ang mga

tumuluo nahigawas gikan sa tunglo sa mga sakit, mga kadautan, kakabus, ug sa mga sama. Tungod kay si Hesus nagkinabuhi sa kakabus samtang anaa sa ibabaw sa yuta, Iyang giatiman ang atong kakabus. Tungod kay si Hesus gibunalan, kita gawasnon gikan sa atong tanan nga mga sakit. Tungod kay nagsul-ob si Hesus sa korona nga tunokon, gitubos Kaniya kita gikan sa mga sala nga atong gibuhat sa atong mga hunahuna. Sanglit nga si Hesus gilansang pinaagi sa Iyang mga kamot ug mga tiil, gitubos Kaniya kita gikan sa atong tanan nga mga sala nga gibuhat sa atong mga kamot ug mga tiil.

Ang Motuo diha sa Ginoo mao ang Mausab ngadto sa Kamatuoran

Ang mga katawohan nga tinuod nga nakasabot sa kapangandaman sa krus ug nagtoo niini gikan sa kahiladman sa ilang mga kasingkasing, isalikway ang ilang mga kaugalingon sa mga sala ug mabuhi pinaagi sa kabubut-on sa Dios. Ingon sa gisulti kanato ni Hesus diha sa Juan 14:23, "Kon kinsa ang nahigugma Kanako, iyang pagabantayan ang Akong pulong ug ang Akong Amahan mahigugma kaniya, ug moanha Kami kaniya ug anha Kami mopuyo diha kaniya," sa maong mga tawo makadawat sa gugma ug mga panalangin sa Dios.

Nganong, unya, ang mga tawo nga magkompisal sa ilang pagtoo diha sa Ginoo dili makadawat og mga tubag sa ilang pag-ampo ug nagpuyo taliwala sa mga pagsulay ug mga kasakit?

Kana tungod kay, bisan pa kon mahimo nga sila moingon nga sila nagtoo sa Dios, ang Dios dili maghunahuna sa ilang pagtoo ingon nga tinuod nga pagtoo. Kini nagpasabot nga bisan pa sa pagkadungog sa pulong sa Dios, sila wala pa gihapon misalikway sa ilang mga mga sala ug nausab ngadto sa kamatuoran.

Panaglitan, adunay mga dili maihap nga mga tumuluo nga napakyas sa pagtuman sa Napulo ka Sugo, ang mga sukaranan sa kinabuhi diha kang Kristo. Ang maong mga tawo ang nakahibalo sa sugo nga "Hinumdumi ang Adlaw nga igpapahulay, ug ipabilin kini nga balaan." Bisan pa niana, sila motambong lamang sa buntag nga serbisyo o dili gayud motambong sa bisan unsa nga mga serbisyo ug magbuhat sa ilang kaugalingong mga buluhaton sa adlaw sa Ginoo. Sila nahibalo sa paghatag sa ikapulo, apan tungod kay ang salapi mao nga minahal kaayo kanila napakyas sila sa paghatag sa bug-os nga ikapulo. Sa diha nga piho nga gisulti kanato sa Dios nga kapakyasan sa paghatag sa tibuok nga ikapulo mao ang "pagpangawat" Kaniya, unsa nga paagi nga sila makadawat sa mga tubag ug mga panalangin (Malaquias 3:8)?

Unya adunay mga tumuluo nga wala mopasaylo sa mga sayop ug mga sala sa uban. Sila masuko ug magmugna sa mga plano sa pagbayad balik sa parehong matang sa dautan. Ang pipila naghimo sa mga saad, apan maglapas sa mga niini sa matag panahon ug pag-usab, samtang ang uban magbasol ug magpanagbakho, sama sa gibuhat sa mga kalibutanon nga katawohan. Sa unsa nga paagi sila mahimong miingon nga nagpanag-iya sa tinuod nga pagtoo?

Kon kita adunay tinuod nga pagtoo, kita kinahanglan gayud nga maningkamot sa pagbuhat sa tanan nga mga butang sumala sa kabubut-on sa Dios, sa paglikay sa tanang matang sa kadautan, ug magkaamgid sa atong Ginoo nga gitugyan ang Iyang kaugalingon nga kinabuhi alang kanato nga mga makasasala. Ang maong mga katawohan makapasaylo ug mahagugma kanila nga nagadumot ug nag-among-among kanila, ug sa kanunay mag-alagad ug magsakripisyo sa ilang mga kaugalingon alang sa uban.

Sa diha nga makalingkawas ka sa imong kaugalingon nga pagkainiton og ulo, ikaw mausab ngadto sa usa ka matang sa tawo kansang ngabil lamang magasulti sa mga pulong sa pagkamaayo ug sa kainit. Kon nagreklamo ka sa tanang higayon sa una, pinaagi sa tinuod nga pagtoo ikaw mabaylo ngadto sa paghatag sa mga pasalamat sa tanan nga mga kahimtang ug sa pagpakigbahin sa grasya niadtong tanan nga nagalibot kanimo.

Kon kita tinuod nga nagtoo sa Ginoo, ang matag usa kanato kinahanglan gayud nga mahisama Kaniya ug magdala sa usa ka nausab nga kinabuhi. Kini mao ang dalan sa pagdawat sa mga tubag ug mga panalangin sa Dios.

Ang Sulat sa Mga Hebreohanon 12:1-2 nagsulti kanato:

Busa, sanglit ginalibutan man kita sa ingon ka mabagang panganud sa mga saksi, iwakli ta ang tanang kabug-at ug ang sala nga nagapiit paglikos kanato, ug dalaganon ta nga malahutayon ang lumba nga atong ginaapilan, nga magatutok kang Hesus nga mao ang mag-uugmad ug maghihingpit sa atong pagtoo, nga tungod sa kalipay nga gibutang sa Iyang atubangan miantus sa krus, sa walay pagsapayan sa pagkamakauulaw niini, ug karon nagalingkod Siya diha sa too sa trono sa Dios.

Gawas sa daghang mga katigulangan sa pagtoo atong makaplagan diha sa Biblia, taliwala sa mga tawo sa palibot kanato, adunay daghang mga katawohan nga nakadawat sa kaluwasan ug sa mga panalangin pinaagi sa ilang ga pagtoo diha sa atong Ginoo.

Sama sa "ingon ka mabagang panganud sa mga saksi," magpanag-iya kita sa tinuod nga pagtoo! Atong ilabay ang tanan nga nagbabag ug ang sala nga dali ra maglikos, ug maningkamot nga magkaamgid sa atong Ginoo! Unya lang, sumala sa gisaad ni Hesus kanato sa Juan 15:7, "Kon kamo magpabilin Kanako ug ang Akong mga sulti magpabilin kaninyo, pangayo kamog bisan unsa nga inyong gusto, ug kini pagabuhaton alang kaninyo," ang matag usa kanato magdala sa usa ka kinabuhi nga puno uban sa Iyang mga tubag ug mga panalangin.

Kon kamo wala pa nagdala sa maong usa ka kinabuhi, tanawa balik ang imong kinabuhi, gision ninyo ang inyong kasingkasing ug maghinulsol sa dili husto nga pagtoo sa Ginoo, ug magsulbad sa pagkabuhi pinaagi lang sa pulong sa Dios.

Hinaot nga ang matag usa kaninyo makapanag-iya sa tinuod

nga pagtoo, makasinati sa gahum sa Dios, ug daku nga maghimaya Kaniya uban sa inyong tanan nga mga tubag ug mga panalangin, sa ngalan sa atong Ginoong Hesukristo nag-ampo ako!

Mensahe 3
Usa ka Sudlanan Labaw ang Katahum kaysa usa ka Mutya

2 Timoteo 2:20-21

*Diha sa dakung balay
adunay mga sulodlan nga dili lamang
hinimog bulawan ug salapi,
kondili usab mga hinimog kahoy ug yuta,
ug ang uban alang sa dungganan nga kagamitan,
ug ang uban alang sa talamayon nga kagamitan.
Kon ang usa ka tawo magaputli sa iyang kaugalingon
gikan sa butang nga talamayon, nan, siya mahimong
sulodlan nga alang sa dungganan nga kagamitan,
binalaan ug mapuslan sa Agalon sa panimalay,
andam alang sa tanang maayong bulohaton*

Gibuhat sa Dios ang katawohan aron nga Siya makaani sa tinuod nga mga anak kinsa Siya mahimong makigbahin sa matuod nga gugma. Bisan pa niana, ang mga katawohan nakasala, nga nanghisalaag gikan sa tinuod nga katuyoan sa ilang paglalang, ug nahimong mga ulipon sa kaaway nga yawa ug ni Satanas (Mga Taga-Roma 3:23). Ang Dios sa gugma, bisan pa niana, wala moundang sa tuyo sa pag-ani sa matuod nga mga anak. Siya miabli sa dalan sa kaluwasan alang sa mga katawohan nga makita diha taliwala sa sala. Gipalansang sa Dios sa krus ang Iyang bugtong Anak nga si Hesus sa krus aron nga Siya makatubos sa tanan nga mga tawo gikan sa mga sala.

Pinaagi niini nga talagsaon nga gugma nga inubanan sa daku nga sakripisyo, alang sa bisan kinsa nga motoo diha kang Kristo Hesus ang dalan sa kaluwasan giablihan. Sa bisan kinsa nga motoo diha sa iyang kasingkasing nga si Hesus namatay ug nabanhaw pag-usab gikan sa lubnganan, ug nagkompisal sa iyang mga ngabil nga si Hesus mao ang iyang Manluluwas, ang katarung nga mahimong usa ka anak sa Dios gihatag.

Hinigugma nga mga Anak sa Dios Gipaanggid sa "Sudlanan"

Sumala sa mabasa sa 2 Timoteo 2:20-21, "Diha sa dakung balay adunay mga sulodlan nga dili lamang hinimog bulawan ug salapi kondili usab mga hinimog kahoy ug yuta, ug ang uban alang sa dungganan nga kagamitan, ug ang uban alan sa talamayon nga kagamitan. Kon ang usa ka tawo magaputli sa iyang kaugalingon gikan sa butang nga talamayon, nan, siya mahimong sulodlan nga alang sa dungganan nga kagamitan, binalaan ug mapuslan sa agalon sa panimalay, andam alang sa tanang maayong bulohaton," tang tuyo sa usa ka sudlanan mao nga kini magaunod og mga butang. Ang Dios giamgid ang Iyang mga anak sa "sudlanan," kay sa mga niini Siya makapuno sa Iyang gugma ug grasya, ug sa Iyang pulong nga mao ang kamatuoran, ingon man sa Iyang gahum ug awtoridad. Busa, kita kinahanglan gayud nga makaamgo nga depende sa matang sa sudlanan nga atong gi-andam, kita makatagamtam sa tanan nga mga matang sa maayong mga gasa ug mga panalangin sa Dios nga giandam alang kanato.

Unsa nga matang sa sudlanan, unya, ang usa ka tawo nga mahimo nga mag-unod sa tanan nga mga panalangin nga giandam sa Dios? Kini mao ang usa ka sudlanan nga gihunahuna sa Dios nga bililhon, halangdon, ug matahum.

Una, ang usa ka "bililhon" nga sudlanan mao ang usa nga hingpit nga nagtuman sa iyang hinatag-sa-Dios nga katungdanan. Si Juan Bautista nga nag-andam sa dalan alang sa atong Ginoong Hesus, ug si Moises nga nangulo sa mga Israelinhon gikan sa Egipto ang nahisakop niining kategoriya.

Sunod, usa ka "halangdon" nga sudlanan mao ang usa sa mga kalidad sama sa pagkamatinud-anon, katinuoran, resolusyon, ug ang pagkamaunungon, nga ang tanan mga talagsaon sa ordinaryong mga katawohan. Si Jose ug Daniel, ang duha nga naggunit og posisyon nga katumbas sa primero ministro sa gamhanan nga mga nasud ug hilabihan gayud nga nanagdayeg sa Dios, nahisakop niining kategoriya.

Ang pinaka-ulahi, usa ka "matahum" nga sudlanan sa atubangan sa Dios mao ang usa nga adunay maayong kasingkasing nga wala gayud nakig-away o nakigbangi apan sa kamatuoran modawat ug motugot sa tanang mga butang. Si Ester nga nagluwas sa iyang mga katagilungsod ug si Abraham nga gitawag nga "higala" sa Dios nahisakop niining kategoriya.

"Usa ka sudlanan nga mas nindot pa kay sa usa ka mutya" mao ang usa ka tawo nga nag-angkon sa mga kwalipikasyon nga giisip nga bililhon, halangdon, ug matahum sa Dios. Usa ka mutya nga gitagoan taliwala sa mga bato diha-diha dayon mamatikdan. Ingon man usab, ang tanang mga katawohan sa Dios nga mas nindot kay sa mga hiyas mao ang sa walay duhaduha mamatikdan.

Kadaghanan sa mga alahas mao ang mahal alang sa ilang gidak-on, apan ang ilang mga sidlak ug ang ilang mga nagkalain-lain apan talagsaon nga mga kolor nagdani sa mga katawohan sa pagpangita sa katahum. Apan, dili tanang nagsidlak nga bato giisip mga hiyas. Ang tinuod nga mga hiyas kinahanglan usab sa pagpanag-iya mga kolor ug kasilak, ingon man usab sa pisikal nga kalig-on. Dinhi, ang "pisikal nga kalig-on" nagtumong sa abilidad sa usa ka materyal nga maka-asdang sa kainit, dili kontaminado sa pag-kontak sa uban nga mga substansya, ug sa pagpabilin sa iyang porma. Ang laing importante nga butang mao ang kanihit.

Kon adunay usa ka sudlanan sa maanindot nga kalantip, pisikal nga kalig-on, ug sa kanihit, unsa kaha kini ka bililhon, halangdon, ug katahum ang kini nga sudlanan? Gusto sa Dios ang Iyang mga anak nga mahimong mga sudlanan nga mas nindot pa kay sa mga hiyas ug buot kanila nga magdala sa bulahan nga mga kinabuhi. Sa diha nga makadiskobre ang Dios sa maong mga sudlanan, Siya dayon magabubo ngadto kanila sa mga timailhan sa Iyang gugma ug kalipay.

Unsa nga paagi nga kita mahimong mga sudlanan nga mas nindot pa kay sa mga hiyas sa atubangan sa Dios?

Una, kamo kinahanglan gayud ka nga magtuman sa pagbalaan sa imong kasingkasing pinaagi sa pulong sa Dios, nga mao ang kamatuoran sa iyang kaugalingon.

Aron ang usa ka sudlanan magamit sumala sa iyang orihinal nga katuyoan, labaw sa tanan kinahanglan nga kini mahinlo. Bisan ang usa ka mahal, bulawan nga sudlanan dili mahimong gamiton kon kini nabulingan ug gimarkahan sa baho. Sa diha lang nga ang kining mahal, nga bulawan nga sudlanan mahinloan sa tubig kini mahimong gamiton sumala sa iyang katuyoan.

Ang sama nga lagda magamit ngadto sa mga anak sa Dios. Para sa Iyang mga anak, ang Dios nag-andam sa madagayaon nga mga panalangin ug sa lainlaing matang sa mga gasa, mga panalangin sa mga bahandi ug sa panglawas, ug sa mga sama. Aron kita makadawat niadtong mga panalangin ug mga gasa, kita kinahanglan una nga mag-andam sa atong mga kaugalingon ingon nga mahinlo nga sudlanan.

Atong makita diha sa Jeremias 17:9, "Ang kasingkasing malimbongon labaw sa tanang mga butang ug hilabihan gayud pagkadautan; kinsay makasusi niini?" Kita usab makakaplag sa Mateo 15:18-19, diin si Hesus miingon, "Apan ang manggula sa baba anha gikan sa kasingkasing, ug mao kini ang makapahugaw sa tawo. Kay gikan sa kasingkasing nagagula ang mga dautang hunahuna, pagbuno, panapaw, pakighilawas, pangawat, pagsaksig bakak, panulti sa pagbuling sa dungog." Busa, human lang sa atong paghinlo sa atong mga kasingkasing nga kita mahimong mahinlo nga sudlanan. Sa diha nga usa na ka hinlo nga sudlanan, walay bisan kinsa kanato ang maghunahuna sa "mga dautang hunahuna," ipamulong ang dautan nga mga pulong, o sa pagbuhat sa mga buhat nga dautan.

Ang paghinlo sa atong mga kasingkasing posible lang uban sa espirituhanon nga tubig, ang pulong sa Dios. Mao kana ngano nga nag-awhag Siya kanato sa Mga Taga-Efeso 5:26 nga "aron iyang balaanon [kita] sa mahinloan na Kaniya [kita] pinaagi sa paghugas sa tubig uban sa pulong," ug sa Mga Hebreohanon 10:22 nagdasig Siya sa matag usa kanato nga "busa manuol kita sa Dios uban ang matinuoron nga kasingkasing, nga sa hingpit pinasaligan sa pagtoo, sa nasabligan ang atong mga kasingkasing ngadto sa pagkahinlo gikan sa dautan nga kaisipan ug ang atong mga lawas nadigo sa malinis nga tubig."

Nan, sa unsang paagi nga ang espirituhanon nga tubig - ang pulong sa Dios - maghinlo kanato? Kita kinahanglan gayud nga mosunod sa lain-laing mga sugo nga makita diha sa kan-uman ug unom ka mga libro sa Biblia nga nagsilbi sa "paghinlo" sa atong mga kasingkasing. Ang pagsunod sa maong sugo nga "Dili" ug "Isalibay" sa katapusan mogiya kanato sa pagwagtang sa atong mga kaugalingon sa tanan nga makasasala ug sa dautan.

Ang kinaiya sa mga tawo nga gihinloan sa ilang mga kasingkasing uban sa Iyang pulong mousab sab ug magdan-ag sa kahayag ni Kristo. Apan, ang pagsunod sa pulong dili matuman lamang pinaagi sa usa ka kinaugalingon nga kusog ug determinasyon; ang Espiritu Santo kinahanglan nga mogiya ug motabang kaniya.

Kon kita makadungog ug makasabot sa Pulong, moabli sa atong mga kasingkasing, ug modawat kang Hesus ingon nga atong Manluluwas, ang Dios nagahatag sa Espiritu Santo ingon nga usa ka gasa. Ang Espiritu Santo magpuyo sa mga katawohan nga modawat kang Hesus ingon nga ilang Manluluwas, ug makatabang kanila makadungog ug makasabot sa pulong sa kamatuoran. Ang Balaan nga Kasulatan nagsulti kanato nga "Ang gianak sa unod, unod man; ug ang gianak sa Espiritu, espirutu man." (Juan 3:6). Ang mga anak sa Dios nga makadawat sa Espiritu Santo ingon nga usa ka gasa makalingkawas sa ilang mga kaugalingon sa matag adlaw sa sala ug sa dautan pinaagi sa gahum sa Espiritu Santo, ug mahimong espirituhanon nga mga katawohan.

Naa ba'y bisan kinsa kaninyo nga nahingawa ug nabalaka, nga

naghunahuna, 'Unsaon kanako sa pagtuman sa tanan kadtong mga sugo?'

Ang 1 Juan 5:2-3 nagpahinumdom kanato, "Ug atong maila nga kita nagahigugma sa mga anak sa Dios pinaagi niini, kon magahigugma kita sa Dios ug magatuman sa Iyang mga sugo. Kay ang paghigugma alang sa Dios mao kini, nga pagabantayan ta ang Iyang mga sugo; ug ang Iyang mga sugo dili mabug-at." Kon nahigugma ka sa Dios gikan sa kahiladman sa imong kasingkasing, ang pagtuman sa Iyang mga sugo dili lisod.

Kon ang mga ginikanan manganak sa ilang mga anak, ang mga ginikanan moatiman sa matag aspeto sa ilang anak lakip na ang pagpakaon, sinina, pagkaligo, ug sa mga sama. Sa usa ka bahin, kon ang mga ginikanan nag-atiman sa usa ka bata nga dili ilang kaugalingong anak, kini mahimong mabati nga mabug-at. Sa laing bahin, kon ang mga ginikanan nag-atiman sa ilang mga kaugalingon nga anak, kini dili gayud mabati nga mabug-at. Bisan kon ang bata momata ug maghilak sa tunga-tunga sa gabii, ang mga ginikanan dili mobati og kahasol; sila nahigugma lang sa ilang anak kaayo. Ang pagbuhat sa usa ka butang alang sa usa ka minahal mao ang usa ka kakuhaan sa dakung kalipay ug kamaya; kini dili lisud o makapapikal. Pinaagi sa parehong timaan, kon kita tinuod nga nagtoo nga ang Dios mao ang Amahan sa atong mga espiritu ug, sa Iyang dili masukod nga gugma, mihatag sa Iyang bugtong Anak aron ilansang sa krus alang kanato, sa unsa nga paagi nga kita dili mahigugma Kaniya? Dugang pa, kon kita nahigugma sa Dios, ang mabuhi pinaagi sa

Iyang pulong dili malisud. Hinunoa, kini mahimong malisud ug masakit sa diha nga kita dili mabuhi pinaagi sa pulong sa Dios o magtuman sa Iyang kabubut-on.

Ako nag-antus gikan sa lain-laing mga sakit sulod sa pito ka tuig hangtud nga ang akong magulang nga babaye nagdala kanako ngadto sa usa ka sangtuwaryo sa Dios. Pinaagi sa pagdawat sa kalayo sa Espiritu Santo ug sa pag-kaayo sa tanan kanako nga mga mga sakit sa takna nga ako miluhod sa sangtuwaryo, nahimamat kanako ang buhi nga Dios. Kini mao kaniadtong Abril 17, 1974. Sukad niadto, ako nagsugod sa pagtambong sa tanan nga mga matang sa mga serbisyo sa pagsimba sa bug-os nga pasalamat sa grasya sa Dios. Kaniadtong Nobyembre nianang tuiga, ako mitambong sa akong unang pagkapukaw nga panagtagbo kon asa ako misugod sa pagkat-on sa Iyang mga Pulong, ang mga sukaranan sa kinabuhi sa usa ka tawo diha kang Kristo:

> 'Ah, mao kini kon unas ang Dios!'
> 'Ako kinahanglan gayud nga isalikway
> ang akong tanan nga mga sala.'
> 'Kini mao ang mahitabo sa diha nga ako magtoo!'
> 'Ako kinahanglan gayud nga mohunong
> sa pagpanigarilyo ug pag-inom.'
> 'Ako mag-ampo sa kanunay.'
> 'Ang paghatag sa ikapulo mao ang gimando,
> ug ako dili moanha sa atubangan sa
> Dios nga walay dala.'

Ang Tagsulat si Dr. Jaerock Lee

Sa tibuok semana, ako lang gidawat ang pulong uban ang "Amen!" diha sa akong kasingkasing.

Human sa pagkapukaw nga panagtagbo, miundang ko sa pagpanigarilyo ug pag-inom, ug misugod sa paghatag sa ikapulo ug pagpasalamat nga paghalad. Ako usab nagsugod sa pag-ampo sa kaadlawon ug sa hinay-hinay nahimong usa ka tawo sa pag-ampo. Gibuhat ko gayud og tukma ang akong nakat-unan, ug nagsugod sa pagbasa sa Biblia og maayo.

Naayo ko sa akong tanan nga mga mga sakit ug mga kadautan, walay bisan unsa ang mahimo kanakong mapaayo sa bisan unsa nga kalibutanon nga paagi, pinaagi sa gahum sa Dios dihadiha dayon. Busa, ako sa bug-os makatoo sa tanan nga bersikulo ug kapitulo sa Biblia. Tungod kay ako usa ka manunugod sa pagtoo nianang panahona, may pipila ka mga bahin sa Balaan nga Kasulatan nga dili ko makasabot og sayon. Bisan pa niana, ang mga sugo nga akong masabtan akong gisugdan sa pagsunod sa diha-diha dayon. Pananglitan, sa diha nga misulti kanako ang Biblia nga dili mamakak, sa baylo giingnan kanako ang akong kaugalingon, "Ang pagpamakak usa ka sala! Ang Biblia nagsulti kanako nga dili ako kinahanglan mamakak, busa ako dili mamakak." Nag-ampo usab ako, "Dios, palihug sa pagtabang kanako isalikway ang wala tuyoa nga pagpamakak!" Kini dili nga ako naglimbong sa mga katawohan uban sa usa ka dautan nga kasingkasing, apan bisan pa niana ako hugot nga nag-ampo aron nga ako mohunong bisan pa sa wala tuyoa nga pagpamakak.

Daghang mga katawohan ang mamakak, ug ang kadaghanan kanila wala makaamgo nga sila namakak. Sa diha nga ang usa ka tawo, nga dili nimo gusto nga makig-istorya sa telepono, nagtawag, ikaw dili ba mihangyo sa inyong mga anak, mga kauban sa trabaho, o mga higala nga moingon nga "Sultihi siya wala ko dinhi"? Daghang mga katawohan mamakak tungod kay sila naghatag og "konsiderasyon" sa uban. Ang maong mga katawohan mamakak sa diha nga, pananglitan, sila gipangutana kon sila gusto sa bisan unsa nga pagkaon o pag-inom sa pagbisita sa uban. Bisan tuod wala sila makakaon o giuhaw, ang mga bisita nga dili gusto nga mahimong "pabug-at" sa kasagaran mosulti sa ilang gibisita, "Dili, salamat. Ako nakakaon na (nakainom) sa wala pa ako moanhi dinhi." Apan, sa pagkahuman kanakong pagkahibalo nga ang pagpamakak bisan pa uban sa maayong mga intensiyon sa gihapon pagpamakak, nag-ampo ko sa kanunay sa pagsalikway sa pagpamakak ug sa katapusan ako mahimong makasalikway bisan pa sa wala tuyoa nga mga bakak.

Dugang pa, gihimo kanako ang usa ka listahan sa tanan nga dautan ug makasasala nga akong kinahanglan nga isalikway, ug nag-ampo. Sa diha lang nga ako nahimong kombinsido sa pagkatinuod nga akong nasalikway ang usa ka dautan ug makasasala nga kinaiya o buhat og usag usa, akong ekisan kanang butanga gamit ang pula nga bolpen. Kon may bisan unsa nga dautan ug makasasala nga dili dali kanakong mahimong isalikway bisan human sa determinado nga pag-ampo, ako magsugod sa pagpuasa sa walay paglangan. Kon dili kanako mahimo kini human sa tulo-ka-adlaw nga pagpuasa, akong patas-on ang pagpuasa sa lima ka adlaw. Kon akong buhaton usab ang sama nga sala, nan ako magsugod sa pito-ka-adlaw nga pagpuasa. Apan, panagsa ra ko magpuasa sa usa ka semana; human sa tulo-ka-adlaw nga pagpuasa, masalikway kanako ang kadaghanan sa mga sala ug sa dautan. Sa gidaghanon nga akong masalikway ang dautan pinaagi sa balik-balik nga sa maong mga proseso, ako nahimong mas malimpyo nga sudlanan.

Tulo ka tuig human sa akong nailhan ang Ginoo, akong gilabay ang tanan nga dili-masinugtanon sa pulong sa Dios ug mahimong isipon nga usa ka hinlo nga sudlanan sa Iyang pananaw. Dugang pa, ingon nga ako makatungdanon ug makugihon nga nagpabilin sa mga sugo, lakip na ang "Himoa" ug "Ipabilin," akong nahimo nga mabuhi sa Iyang pulong diha sa usa ka mubo nga panahon. Samtang ako nausab ngadto sa usa ka hinlo nga sudlanan, gipanalanginan ko sa Dios og madagayaon gayud. Ang akong pamilya nakadawat sa mga panalangin sa panglawas. Ako makabayad dayon sa tanan nga mga utang. Nakadawat ko og mga panalangin sa pisikal ug espirituhanon. Kini tungod kay, ang Biblia nagpasalig kanato sama sa mosunod: "Mga hinigugma, kon ang atong mga kasingkasing dili magasudya kanato, nan, may pagsalig kita diha sa atubangan sa Dios; ug gikan Kaniya magadawat kita sa bisan unsa nga atong pangayoon, kay kita nagabantay man sa iyang mga sugo ug nagabuhat sa makapahimuot Kaniya," (1 Juan 3: 21-22).

Ikaduha, aron mahimong usa ka sudlanan nga mas nindot pa kay sa usa ka mutya, kamo kinahanglan gayud nga mahimong puro "pinaagi sa kalayo" ug nagdan-ag sa espirituhaon nga kahayag.

Ang mga mahal nga mutya sa mga singsing, ug mga kulentas kaniadto gibutag. Apan, sila inulay sa mga lapidary ug nahimong makapaguwa sa mahayag nga mga suga ug sa pag-angkon sa matahom nga mga porma.

Sama nga kini nga mga hanas nga mga lapidary miputol, nagpahamis, ug ulayon pinaagi sa kalayo kini nga mga mahalong mga bato ug himuon ang mga kini ngadto sa maanindot nga mga porma uban sa dakung kasidlak, nagadisiplina ang Dios sa Iyang mga anak. Nagadisiplina ang Dios kanila dili tungod sa ilang mga sala, apan aron nga pinaagi sa disiplina Siya sa pisikal ug sa espirituhanon nga paagi mopanalangin kanila. Sa mga mata sa iyang mga anak nga wala makasala o nakahimo sa bisan unsa nga sayop, kini morag tan-awon nga sila kinahanglan nga maghulatay sa kasakit ug pag-antus sa mga pagsulay. Kini usa ka proseso kon hain ang Dios nagbansay ug nagdisiplina sa Iyang mga anak aron sila modan-ag sa mas nindot nga mga kolor ug kasidlak. Ang 1 Pedro 2:19 nagpahinumdom kanato nga, "Kay takus gayud sa pagpasalamat kon ang usa ka tawo, tungod sa iyang kahibalo sa Dios, moantus sa mga kasakit nga igapahamtang kaniya bisan siya dili sad-an." Atong usab mabasa nga, "aron ang pagkatinuod sa inyong pagtoo, nga labi pang bililhon kay sa bulawan nga ginasulayan pinaagig kalayo bisan tuod kini madugta ra, mosangpot ngadto sa pagdalayeg ug paghimaya ug pagpasidungog kaninyo inigpadayag na unya kang Hesukristo." (1 Pedro 1: 7).

Bisan kon ang mga anak sa Dios gisalikway na ang tanan nga matang sa dautan ug mahimong balaan nga mga sudlanan, sa panahon sa Iyang pagpili, nagtugot ang Dios alang kanila nga disiplinahon ug sulayan aron nga sila mahimong ingon nga mga sudlanan nga mas nindot pa kay sa mga mutya. Ingon nga sa ulahing katunga sa 1 Juan 1:5 nag-ingon kanato, "Ang Dios kahayag ug diha Kaniya wala gayuy kangitngit," tungod kay ang Dios mao ang mahimayaon nga kahayag sa Iyang kaugalingon nga walay usa ka sayop o sa usa ka ikasaway, modala Siya sa Iyang mga anak ngadto sa mao gihapon nga lebel sa kahayag.

Busa, sa diha nga mabuntog sa bisan unsa nga-gitugotan sa Dios nga mga pagsulay diha sa kaayo ug gugma, ikaw mahimo nga usa ka labaw nga naggilakgilak ug matahum nga sudlanan. Ang lebel sa espirituhanon nga awtoridad ug gahum lain-lain sumala sa kamasilakon sa espirituhanon nga kahayag. Dugang pa, sa diha nga ang espirituhanon nga kahayag magdan-ag, ang kaaway nga yawa ug si Satanas walay dapit nga mabarugan.

Sa Marcos 9 mao ang usa ka talan-awon diin si Hesus gipapahawa ang usa ka dautan nga espiritu gikan sa usa ka bata nga lalaki kansang amahan mihangyo ni Hesus sa pag-ayo sa iyang anak nga lalaki. Gibadlong ni Hesus ang dautan nga espiritu. "Ikaw espiritu nga makapaamang ug makapabungol, nagasugo ako kanimo, gumula ka ug ayaw na siya sudli pag-usab" (b. 25). Ang espiritu nga dautan mibiya sa bata, nga nahimong maayo pag-usab. Sa wala pa kining talan-awon mao ang lain nga eksena diin ang amahan midala sa iyang anak nga lalaki ngadto sa mga tinun-an ni Hesus, nga wala makapapahawa sa dautan nga espiritu. Kana mao kay tungod ang lebel sa espirituhanon nga kahayag sa mga tinun-an ug ang lebel sa esprituhanon nga kahayag ni Hesus lain-lain.

Unsa man, unya, ang kinahanglan nga atong buhaton aron kita makasulod sa lebel sa espirituhanon nga kahayag ni Hesus? Kita mahimo nga magmadinaugon sa bisan unsa nga mga pagsulay pinaagi sa makanunayon nga pagtoo diha sa Dios, pagbuntog sa dautan pinaagi sa maayo, ug bisan magmahigugmaon sa kaaway. Busa, sa higayon nga ang imong kaayo, gugma, ug pagkamatarung maisip nga tinuod, sama kang Hesus, mahimo kang makapapahawa sa mga dautang espiritu ug sa pag-ayo sa bisan unsa nga mga sakit ug mga sakit.

Mga Panalangin alang sa mga Sudlanan nga Mas Matahum pa kay sa mga Mutya

Samtang ako naglakaw sa dalan sa pagtoo sa miaging mga tuig, ako nakalahutay usab sa dili maihap nga mga pagsulay. Pananglitan, sa sumbong sa usa ka programa sa telebisyon sa pipila ka tuig nga milabay, giantus ko ang usa ka pagsulay nga ingon ang kasakit ug kalisud sa kamatayon. Ingon nga sangpotanan, ang mga katawohan nga nakadawat sa grasya pinaagi kanako ug sa daghang uban nga dugay ko giisip nga suod sa pamilya nagbudhi kanako.

Sa kalibutanon nga mga katawohan, ako nahimo nga usa ka hilisgutan sa pagsinabtanay ug usa ka tawo sa kabasolan, samtang daghang mga miyembro sa Manmin ang nag-antus ug sa walay katarungang gilutos. Bisan pa niana, ako ug ang mga miyembro sa Manmin mibuntog anang pagsulay uban sa kaayo ug, kay among gitugyan ang tanang butang ngadto sa Dios, mihangyo kami sa Dios sa gugma ug kalooy sa pagpasaylo kanila.

Dugang pa, wala ako magdumot o mobiya sa mga tawo nga mibiya ug naghimo sa mga butang nga lisud alang sa iglesia. Taliwala niining grabeng pagsulay, ako matinud-anon nga nagtoo nga nahigugma kanako ang akong Amahan nga Dios. Kini ang paagi kon giunsa kanako pag-atubang bisan sa mga tawo nga nagbuhat sa dautan sa pagkamaayo ug gugma lang. Ingon sa usa ka estudyante nga makadawat sa pag-ila alang sa iyang kakugi ug merito pinaagi sa usa ka pagsusi, sa diha nga ang akong pagtoo, kaayo, gugma, ug pagkamatarung nakadawat sa pag-ila sa Dios, Siya nagpanalangin kanako sa pagbuhat ug magpakita sa Iyang gahum sa mas hilabihan gayud.

Human sa pagsulay, giablihan Kaniya ang pultahan nga pinaagi niini ako makatuman sa kalibutan nga misyon. Ang Dios nagtrabaho aron nga tinagpulo ka libo, gatusan ka libo, ug bisan minilyon sa mga katawohan ang magtigum sa mga gawas sa nasud nga mga krusada nga akong gipahigayon, ug Siya nag-uban kanako uban sa Iyang gahum nga milapas sa panahon ug luna.

Ang espirituhanon nga kahayag nga gipalibot kanato sa Dios mas labaw ang sihag ug matahom kay sa bisan unsa nga mga mutya sa kalibutan. Giisip sa Dios ang Iyang mga anak nga iyang gipalibotan sa espirituhanon nga kahayag nga mahimong sudlanan nga mas nindot pa kay sa mga mutya.

Busa, unta ang matag usa kaninyo mahimo nga madali sa pagtuman sa kabalaan ug mahimo nga usa ka sudlanan nga naglamdag sa napamatud-an-sa-pagsulay nga espirituhanon nga kahayag ug mas matahom pa kay sa usa ka mutya, aron nga kamo makadawat sa bisan unsa nga inyong pangayuon ug magdala sa usa ka bulahan nga kinabuhi, sa ngalan sa atong Ginoong Hesukristo nag-ampo ako!

Mensahe 4
Ang Kahayag

1 Juan 1:5

Ang gipahibalo nga among
nadungog gikan Kaniya
ug karon among ginamantala kaninyo mao kini,
nga ang Dios kahayag
ug diha Kaniya wala gayuy kangitngit.

Adunay daghan nga mga matang sa mga kahayag ug sa matag usa kanila mao ang iyang kaugalingon nga katingalahang abilidad. Labaw sa tanan, kini mopahayag sa kangitngit, naghatag og kainit, ug makapatay sa makadaot nga bakterya o mga fungi. Uban sa kahayag, ang mga tanom mahimong makapadayon nga mabuhi pinaagi sa photosynthesis.

Apan, naa ang pisikal nga kahayag nga atong makita sa atong mga mata ug mahikap, ug ang espirituhanon nga kahayag dili nato makita o mahikap. Ingon nga ang pisikal nga kahayag adunay daghang mga abilidad, sa espirituhanon nga kahayag mao ang usa ka dili masukod nga gidaghanon sa mga abilidad. Sa diha nga ang kahayag nagdan-ag sa kagab-ihon, ang kangitngit mahanaw dayon.

Sa samang paagi, sa diha nga ang espirituhanon nga kahayag magdan-ag sa atong kinabuhi, ang espirituhanon nga kangitngit sa madali mahanaw samtang kita maglakaw diha sa gugma ug kalooy sa Dios. Tungod kay ang espirituhanon nga kangitngit mao ang gamut sa mga sakit ug mga problema sa panimalay, sa trabaho, ug sa mga relasyon, dili nato makaplagan ang tinuod nga kahupayan. Apan, sa dihang ang espirituhanon nga kahayag magdan-ag sa atong mga kinabuhi, ang mga problema nga lapas sa utlanan sa kahibalo ug kahanas sa tawo mahimong masulbad, ug ang tanan sa atong mga tinguha matubag.

Ang Espirituhanong Kahayag

Unsa ang espirituhanon nga kahayag ug sa unsang paagi kini magtrabaho? Atong makita sa ulahing katunga sa 1 Juan 1:5 nga "ang Dios Kahayag ug diha Kaniya wala gayuy kangitngit," ug sa Juan 1:1, "Dios ang Pulong." Sa tanan, "ang kahayag" nagtumong dili lamang ngadto sa Dios mismo sa Iyang kaugalingon, apan usab sa Iyang pulong nga mao ang kamatuoran, kamaayo, ug gugma. Sa wala pa ang paglalang sa tanan nga mga butang, diha sa kalapad sa uniberso ang Dios naglungtad nga nag-inusara, ug dili sa bisan unsa nga porma. Ingon sa usa ka panaghiusa sa kahayag ug sa tingog, naghambin ang Dios sa bug-os nga uniberso. Ang kasidlak, kaanindot, ug sa matahum nga kahayag gilibutan ang tibuok uniberso ug gikan sa kahayag nga miabut sa usa ka elegante, maambong, tin-aw, ug lanog nga tingog.

Ang Dios nga naglungtad sa kahayag ug ang tingog nga gidisenyo sa probindensya sa pagpa-ugmad sa katawohan sa pag-ani sa tinuod nga mga anak. Siya unya nagsul-ob sa usa ka porma, mibulag sa Iyang kaugalingon ngadto sa Trinidad, ug sa Iyang kaugalingong dagway gibuhat ang katawohan. Apan, ang diwa sa Dios mao gihapon ang kahayag ug ang tingog, ug Siya nagtrabaho gihapon sa kahayag ug sa tingog. Bisan tuod Siya anaa sa porma sa usa ka tawo, sa maong porma anaa ang kahayag ug ang tingog sa Iyang walay kinutuban nga gahum.

Dugang pa sa gahum sa Dios, adunay uban nga mga elemento sa kamatuoran, lakip na ang gugma ug pagkamaayo niini nga espirituhanon nga kahayag. Ang kan-uman ug unom ka mga libro sa Biblia mao ang usa ka koleksyon sa mga kamatuoran sa espirituhanon nga kahayag nga gibungat sa usa ka tingog. Sa laing mga pulong, "ang kahayag" nagtumong sa tanan nga mga sugo ug mga bersikulo sa Biblia bahin sa pagkamaayo, sa pagkamatarung, ug sa gugma, lakip na ang "Higugmaa ang usag usa," "Pag-ampo nga walay paghunong," "Ipabilin ang adlaw nga Igpapahulay," "Tumana ang Napulo ka mga Sugo," ug sa mga sama.

Lakaw diha sa Kahayag aron nga Mailhan ang Dios

Samtang nagdumala ang Dios sa kalibutan sa kahayag, ang kaaway nga yawa ug si Satanas nagdumala sa kalibutan sa kangitngit. Dugang pa, tungod kay ang kaaway nga yawa ug si Satanas mosupak sa Dios, ang mga katawohan nga nagpuyo sa kalibutan sa kangitngit dili makaila sa Dios. Busa, aron nga mailhan ang Dios, aron nga ang usa ka matang sa imong mga problema sa kinabuhi masulbad, ug makadawat sa mga tubag, kinahanglan kang gayud nga madali nga mogula gikan sa kalibutan sa kangitngit ug mosulod sa kalibutan sa kahayag.

Sa Biblia atong makita ang daghang mga "Buhata" nga mga sugo. Kini naglakip sa "Maghigugmaay sa usag usa," "Mag-alagad sa usag usa," "Pag-ampo," "Magpasalamaton," ug sa mga sama. Adunay "Pagabantayan" nga mga sugo, lakip na ang

"Pagabantayi ang adlaw nga Igpapahulay," "Pagabantayi ang Napulo ka mga Sugo," "Pagabantayi ang mga sugo sa Dios," ug sa mga sama. Unya adunay daghang "Dili" nga mga sugo, lakip ang, "Ayaw pagmamakak," "Ayaw pagdumot," "Ayaw pagpangita sa imong kaugalingon nga kamaayo," "Ayaw pagsimba sa mga dios-dios," "Ayaw pagpangawat," "Ayaw pagpangabugho," "Ayaw pagkasina," "Ayaw pagpanglibak", ug sa mga sama. Adunay usab sa "Pagsalikway" nga mga sugo, lakip ang "Isalikway ang tanan nga matang sa dautan," "Ilabay ang kasina ug pangabugho," "Isalikway ang kahakog," ug sa mga sama.

Sa usa ka bahin, ang pagsunod niini nga mga sugo sa Dios mao ang pagkabuhi sa kahayag, nga nagkaanggid sa atong Ginoo, ug nagkaanggid sa atong Amahan nga Dios. Sa laing bahin, kon dili ka magbuhat sa gisulti sa Dios kanimo, kon dili kanimo pagabantayan ang unsang gisulti Kaniya kanimo nga bantayan, kon imong buhaton ang unsang Iyang gisulti kanimo nga dili pagabuhaton, ug kon dili kanimo ilabay ang unsang gisulti Kaniya kanimo nga ilabay, ikaw magpadayon nga magpabilin sa kangitngit. Busa, sa paghinumdom nga ang pagsupak sa pulong sa Dios nagpasabut nga kita anaa sa kalibutan sa kangitngit gidumala sa kaaway nga yawa ug ni Satanas, kita kinahanglan gayud nga sa kanunay mabuhi pinaagi sa Iyang pulong ug sa paglakaw diha sa kahayag.

Sa pakig-ambitay uban sa Dios sa diha nga kita Molakaw diha sa Kahayag

Sumala sa gisulti kanato sa unang katunga sa 1 Juan 1:7, "Apan kon kita magalakaw diha sa Kahayag, maingon nga Siya anaa sa Kahayag, nan, kita may pakig-ambitay sa usag usa," kon kita magalakaw lang ug mopuyo diha sa kahayag mao lang maingon nga nakig-ambitay uban sa Dios.

Sama nga adunay pakig-ambitay taliwala sa usa ka amahan ug sa iyang mga anak, kita kinahanglan usab nga adunay pakig-ambitay uban sa Dios, ang Amahan sa atong mga espiritu. Apan, aron sa pagtukod ug pagpadayon sa pakig-ambitay uban Kaniya, kita kinahanglan nga motagbo sa usa ka kinahanglanon: ilabay ang sala pinaagi sa paglakaw diha sa kahayag. Mao kana nganong "Kon kita magaingon nga may pakig-ambitay kita uban Kaniya, apan nagalakaw kita diha sa kangitngit, nan, kita nagabakak ug wala magkinabuhi subay sa kamatuoran" (1 Juan 1:6).

"Ang pakig-ambitay" dili usa lang kabahin. Tungod kay nakaila ka sa usa ka tawo, kana wala magpasabot nga naa ka'y pakig-ambitay anang tawhana. Sa diha nga ang parehong bahin mahimong igo ang kasuod nga masayud, magsalig, magdepende sa, ug makigsulti sa usag usa mahimong adunay "pakig-ambitay" taliwala sa duha ka partido.

Panganglitan, kadaghanan kaninyo nakaila sa hari o presidente sa inyong nasud. Bisan unsa ka maayo ang imong pagkaila o mahibalo bahin sa presidente, kong siya dili makaila kanimo, walay pakig-ambitay taliwala ninyo ug sa presidente. Dugang pa, sa pakig-ambitay adunay lain-laing mga kahiladman niini. Kamong duha mahimong mag-ilhanay lang; kamong duha mahimo nga gamay nga mas duol aron sa pagpangutana kon kumusta ang usag usa sa matag panahon; o, kamong duha makabaton sa usa ka suod nga relasyon nga kamo mopakigbahin bisan sa lawom nga mga tinago.

Kini sama sa pakig-ambitay uban sa Dios. Aron ang atong relasyon uban Kaniya mahimong tinuod nga pakig-ambitay, ang Dios kinahanglan masayud ug moila kanato. Kon kita adunay lawom nga pakig-ambitay uban sa Dios, dili kita mahimong masakiton o maluya, ug walay mahimo nga bisan unsa nga butang nga kita dili makadawat sa mga tubag. Ang Dios gusto nga maghatag sa Iyang mga anak sa pinakamaayo lang, ug nagsulti kanato sa Deuteronomio 28 nga sa diha nga bug-os kitang mosunod sa atong Dios ug magsunod og maayo sa tanan sa Iyang mga sugo, kita mapanalanginan sa diha nga kita mahiabut ug sa diha nga kita molakaw; kita magapahulam apan dili makahulam gikan sa kang bisan kinsa; ug kita mahimong ulo ug dili ang ikog.

Mga amahan sa Pagtoo nga May Tinuod nga Pakig-ambitay uban sa Dios

Unsa nga matang sa pakig-ambitay si David, nga giisip sa

Dios nga "tawo nga tukma sa akong kasingkasing" (Mga Buhat 13:22), nga aduna uban Kaniya? Nahagugma si David, nahadlok, ug nag-agad og hingpit sa Dios sa tanang panahon. Sa diha nga siya nagdagan gikan kang Saul o moadto sa gubat, ingon sa usa ka bata nga nangutana og usag usa sa iyang ginikanan kon unsa ang kinahanglan nga iyang buhaton, si David sa kanunay nangutana, "Moadto ba ko? Asa ako moadto?" Ug naghimo sumala sa gisugo sa Dios kaniya. Dugang pa, sa kanunay gihatag sa Dios kang David ang malumo ug detalyado nga mga tubag, ug kay si David naghimo sumala sa gisugo sa Dios kaniya siya makakab-ot og kadaugan sa matag higayon (2 Samuel 5:19-25).

Si David makatagamtam sa usa ka nindot nga relasyon uban sa Dios tungod kay, uban sa iyang pagtoo, si David nakapahimuot sa Dios. Pananglitan, sa sayong bahin sa paghari ni Haring Saul, ang mga Filistehanon misulong sa Israel. Ang mga Filistehanon gipangulohan ni Goliat, nga nanagbiaybiay sa tropa sa Israel ug nagpasipala ug gihagit ang ngalan sa Dios. Bisan pa niana, walay usa nga gikan sa kampo sa Israel ang nangahas sa paghagit kang Goliat. Niadtong panahona, bisan tuod siya usa pa lang ka batan-on, si David mi-atubang kang Goliat nga armado lang sa lima ka mahinlo nga bato gikan sa sapa tungod kay siya mitoo sa makagagahum nga Dios sa Israel, ug nga ang gubat iya sa Dios (1 Samuel 17). Ang Dios nagtrabaho aron nga ang bato ni David moigo sa agtang ni Goliat. Human nga si Goliat namatay, ang balod miliso, ug nakab-ot sa Israel ang usa ka kinatibuk-ang kadaugan.

Sa iyang malig-on nga pagtoo, si David giisip nga "tawo nga tukma sa akong kasingkasing" sa Dios, ug ingon sa usa ka amahan ug sa usa ka anak nga lalaki nga naay suod nga relasyon maghisgot sa matag kalihokan, si David mahimo makakab-ot sa tanan nga mga butang uban sa Dios diha sa Iyang kiliran.

Ang Biblia usab nagsulti kanato nga ang Dios nakigsulti kang Moises nawong sa nawong. Pananglitan, sa dihang si Moises maisugon nga mihangyo sa Dios sa pagpakita sa Iyang nawong, ang Dios naghinamhinam sa paghatag kaniya sa tanan nga iyang gipangayo (Exodo 33:18). Sa unsa nga paagi si Moises adunay usa ka suod ug duol nga relasyon uban sa Dios?

Wala madugay human nga gidala ni Moises ang mga Israelinhon gikan sa Ehipto, siya nagpuasa ug nakigkomunikar sa Dios alang sa kap-atan ka adlaw sa ibabaw sa Bukid sa Sinai. Sa diha nga ang pagbalik ni Moises malangan, ang mga Israelinhon mibuhat sa usa ka dios-dios nga ilang masimba. Sa pagkakita niini, giingnan sa Dios si Moises nga Iyang laglagon ang mga Israelinhon ug unya Siya magbuhat kang Moises ngadto sa usa ka daku nga nasud (Exodo 32:10).

Sa niini, mihangyo si Moises sa Dios: "Kuhaa ang kabangis sa Imong kasuko ug bumulag Ka gikan niining kadautan batok sa Imong katawohan." (Exodo 32:12). Sa sunod nga adlaw, nangamuyo siya sa Dios pag-usab: "Oh, kining katawohan nakasala ug usa ka dakung sala, ug nagbuhat sila ug usa ka dios nga bulawan. Apan karon, kong pasayloon mo ang ilang sala; ug dili ugaling, palaa ako, ginaampo ko kanimo, gikan sa imong basahon nga gisulatan mo." (Exodo 32: 31-32)! Unsa ka talagsaon ug tim-os nga mga pag-ampo sa gugma ang mga kini!

Dugang pa, atong makita diha sa Numeros 12: 3, "Karon ang tawo nga si Moises mapinaubsanon kaayo, labaw kay sa tanang mga tawo sa ibabaw sa yuta." Ang Numeros 12:7 mabasa nga, "Si Moises nga Akong alagad dili sama niini; siya matinumanon sa tibuok ko nga balay." Uban sa iyang dako nga gugma ug maaghop nga kasingkasing, si Moises mahimong matinumanon sa tibuok Kaniyang balay ug makatagamtam sa usa ka suod nga pakig-ambitay uban sa Dios.

Mga panalangin alang sa mga Katawohan nga Naglakaw diha sa Kahayag

Si Hesus, kon kinsa mianhi sa kalibutan isip nga kahayag sa kalibutan, nagtudlo lamang sa kamatuoran ug sa ebanghelyo sa langit. Ang mga katawohan diha sa buhat sa kangitngit nga iya sa kaaway nga yawa, nan, dili makasabot sa kahayag bisan pa kini gipatin-aw. Sa ilang pagsupak, ang mga katawohan sa kalibutan sa kangitngit dili modawat sa kahayag o makadawat sa kaluwasan, apan sa baylo miadto sa dalan sa kalaglagan.

Ang mga katawohan nga naay maayong mga kasingkasing nakakita sa ilang mga sala, naghinulsol sa mga niini, ug nakakabot sa kaluwasan pinaagi sa kahayag sa kamatuoran. Pinaagi sa pagsunod sa mga tinguha sa Espiritu Santo, sila usab nanganak sa espiritu sa adlaw-adlaw ug maglakaw diha sa kahayag. Ang kakulang sa kaalam o abilidad sa ilang bahin dili na usa ka problema. Sila magtukod sa panag-uban sa Dios nga mao ang kahayag, ug modawat sa tingog ug pagdumala sa Espiritu Santo. Unya ang tanang butang mamaayo kanila ug sila makadawat sa kaalam nga gikan sa langit. Bisan kon sila adunay mga problema nga nangagapus sama sa lawa sa usa ka balay, walay bisan unsa nga mahimo makapugong kanila gikan sa pagsulbad sa mga problema ug walay makabagbag sa ilang dalan tungod kay ang Espiritu Santo personal nga magatudlo kanila sa matag lakang sa dalan.

Ingon sa 1 Mga Taga-Corinto 3:18 nga nag-awhag kanato nga, "Wala untay bisan kinsa nga maglimbong sa iyang kaugalingon. Kon aduna kaninyoy magadahum nga siya manggialamon niining kapanahonan karon, magpakaboang unta siya aron mahimo siyang manggialamon." kita kinahanglan gayud nga makaamgo nga ang kaalam sa kalibutan mao ang kabuangan sa atubangan sa Dios.

Dugang pa, sama sa nagsulti kanato ang Santiago 3:17, "Apan ang kaalam nga gikan sa kahitas-an putli una sa tanan, unya makigdaiton, malomo, mamatig katarungan, puno sa kalooy ug sa mga maayong binuhatan, walay pagduhaduha o pagminaut." Kon atong matuman ang pagkabalaan ug moadto sa kahayag, ang kaalam nga gikan sa langit manaog ngari kanato. Sa diha nga kita magalakaw diha sa kahayag, kita usab makakab-ot sa usa ka lebel kon hain kita malipayon bisan kon kita kulang, ug kita wala mobati nga kita kulang sa bisan unsang butang bisan kon kita sa pagkatinuod naay kakulang.

Ang apostol nga si Pablo mikompisal sa Filipos 4:11, "Dili nga nagmahay ako tungod sa akong kawalad-on; kay ako nakakat-on man sa pagpahaigo sa akong kaugalingon sa bisan unsang kahimtang nga akong mahimutangan." Pinaagi sa mao gihapon nga timaan, kon kita magalakaw diha sa kahayag kita makatuman sa kalinaw sa Dios, kon hain ang kalinaw ug kalipay mogitib gikan ug magaawas diha kanato. Ang mga katawohan nga naghimo sa pakigdait uban sa uban dili makiglalis o makigaway ngadto sa ilang mga pamilya. Hinunoa, sa pag-awas sa gugma ug grasya sa ilang mga kasingkasing, ang pagkompisal sa pagpasalamat dili mohunong gikan sa ilang mga ngabil.

Dugang pa, sa diha nga kita magalakaw diha sa kahayag, ug nahisama sa Dios sama nga kita makahimo, sama sa gisulti Kaniya kanato diha sa 3 Juan 1:2, "Hinigugma, gipanghinaut ko nga magamauswagon unta ikaw sa tanang butang ug nga magamaayo ka sa panglawas, maingon sa nasayran ko nga mauswagon ang imong kalag," sa pagkatinuod kita makadawat dili lamang sa mga panalangin sa kauswagan sa tanan nga mga butang, apan usab ang awtoridad, abilidad, ug sa gahum sa Dios nga mao ang kahayag.

Human nahimamat ni Pablo ang Ginoo ug naglakaw diha sa kahayag, ang Dios nagpahimo kaniya nga makapakita ang talagsaong gahum ingon nga usa ka apostol sa mga Hentil. Bisan tuod si Esteban o Felipe dili usa ka profeta o usa sa mga tinun-an ni Hesus, ang Dios sa gihapon nagtrabaho pag-ayo pinaagi kanila. Sa Mga Buhat 6:8, atong makita nga "Ug unya si Esteban, nga puno sa grasya ug gahum, naghimog dagkung mga kahibulongan ug mga ilhanan diha sa mga katawohan." Sa Mga Buhat 8:6-7, atong usab makita nga, "Ug ang katawhan nagkahiusa sa ilang pagpaminaw sa gisulti ni Felipe sa pagkadungog ug pagkakita nila sa mga milagro nga iyang gibuhat. Kay gikan sa daghang mga giyawaan nanggula ang mga mahugaw nga espiritu, nga nanagpaniyagit sa makusog nga tingog; ug nangaayo ang daghang mga paralitiko o mga bakul."

Ang usa ka makapakita sa gahum sa Dios sa gidak-on nga siya nahimong gipabalaan pinaagi sa paglakaw diha sa kahayag ug sa pagkaanggid sa Ginoo. May pipila lang ka mga katawohan ang nagpadayag sa gahum sa Dios. Bisan pa niana, bisan taliwala sa kadtong mahimno makapakita sa iyang gahum, ang kadakuon sa gahom nga gipadayag lahi gikan sa usag usa sumala sa kon unsang kadaghan nga sa matag tawo ang pagkaanggid sa Dios nga mao ang kahayag.

Ako ba Nagpuyo sa sa Kahayag?

Aron makadawat sa katingalahang panalangin nga gihatag sa ibabaw sa mga tawo nga magalakaw sa kahayag, ang matag usa kanato kinahanglan una mangutana ug susihon ang atong kaugalingon, "Ako ba nagpuyo sa kahayag?"

Bisan ikaw walay usa ka piho nga (mga)problema, kinahanglan kanimong susihon ang imong kaugalingon aron makita kon ikaw nagdala sa usa ka "dagaang" nga kinabuhi diha kang Kristo, o kon wala ka nakadungog ug wala gidumala pinaagi sa Espiritu Santo. Kon mao, kinahanglan ka gayud nga momata gikan sa imong espirituhanon nga pagkatulog.

Kon ikaw nagsalikway sa pipila ka ang-ang ug kantidad sa dautan, dili ka kinahanglan nga matagbaw; ingon nga ang usa ka bata mohingkod ngadto sa usa ka hamtong, kinahanglan usab kanimo makab-ot ang pagtoo sa mga amahan. Kinahanglan kanimong naay pagpakig-ambit sa dakung kahiladman sa Dios ingon man usab sa usa ka suod nga pakig-ambitay uban Kaniya.

Kon ikaw nagdalagan ngadto sa pagkabalaan, kinahanglan kanimo gayud nga makamatikod bisan sa kinagamyang mga salin sa dautan ug langkaton ang mga kini. Sa mas kadaghang awtoridad nga aduna ka ug sa kadaghan sa usa ka pangulo ikaw nahimo, kinahanglan gayud ka nga sa kanunay una sa pag-alagad ug sa pagpangita sa kaayohan sa uban. Sa diha nga ang uban, lakip na sa mga tawo nga ubos pa kay sa kanimo, motudlo sa imong mga sayop, kinahanglan ka gayud nga makahimo sa pagsunod niini. Hinonoa sa pagbati sa kayugot o pagkadili komportable ug pagpahimulag sa mga tawo nga mahisalaag gikan sa mga dalan sa tawo ug sa pagbuhat sa dautan, diha sa gugma ug pagkamabination kinahanglan ka gayud nga makahimo sa pagtugot ug motandog kanila nga mahinuklugon.

Dili ka mopakunhod o magbutang kang bisan kinsa sa pagtamay. Ni kinahanglan kanimo nga ibaliwala ang uban diha sa inyong kaugalingon nga pagkamatarung o sa paglaglag sa pakigdait.

Ako nagpakita ug gihatag ang dugang nga gugma sa mga mas bata, ang mas kabos, ug ang mas huyang sa mga katawohan. Sama sa mga ginikanan nga mag-atiman sa dugang sa ilang huyang ug masakiton nga mga anak kay sa himsog, nag-ampo ko og mas maayo alang sa mga katawohan sa maong mga kahimtang, wala gayud manumbaling kanila bisan sa makausa, ug misulay sa pag-alagad kanila gikan sa sentro sa akong kasingkasing. Kadtong naglakaw diha sa kahayag kinahanglan nga adunay kalooy alang sa bisan sa mga katawohan nga nagbuhat ug mga dagkung sayop, ug makahimo sa pagpasaylo kanila ug sa pagtabon sa ilang mga sayop sa baylo sa pagbutyag sa ilang mga sala.

Bisan sa pagbuhat sa buhat sa Dios, dili gayud kanimo ibutang o ibutyag sa imong kaugalingong merito o kalampusan, apan ang paningkamot sa uban kon kinsa mitabang kanimo sa pagtrabaho. Sa diha nga ang ilang mga paningkamot giila ug gidayeg, unta ikaw mahimong mas malipayon ug mas masadya.

Mahanduraw ba kanimo kon unsa kadaghan nga higugmaon sa Dios ang Iyang mga anak kansang mga kasingkasing kaamgid sa kasingkasing sa atong Ginoo? Ang paagi nga Siya naglakaw uban kang Enoch alang sa 300 ka mga tuig, ang Dios magalakaw uban sa Iyang mga anak nga kaamgid Kaniya. Dugang pa, Siya mohatag kanila dili lamang sa mga panalangin sa panglawas ug sa tanang butang nga momaayo sa tanang kalihokan, apan usab sa Iyang gahum kon hain Siya mogamit kanila ingon sa bililhong mga sudlanan.

Busa, bisan pa kon imong hunahunaon nga aduna ka'y pagtoo ug naghigugma sa Dios, mahimo ba kanimong susihon pag-usab kon unsa kadaghan sa imong pagtoo ug paghigugma ang Iyang gayud ilhon, ug sa paglakaw diha sa kahayag aron nga ang imong kinabuhi mahimo nga magaawas sa mga ebidensya sa Iyang gugma ug sa pakig-ambitay uban Kaniya, sa ngalan sa atong Ginoong Hesukristo nag-ampo ako!

Mensahe 5
Ang Gahum sa Kahayag

1 John 1:5

*Ang gipahibalo nga
among nadungog gikan Kaniya
ug karon among ginamantala kaninyo mao kini,
nga ang Dios kahayag
ug diha Kaniya wala gayuy kangitngit.*

Sa Biblia, adunay daghang mga higayon diin ang dili maihap nga mga katawohan midawat sa kaluwasan, mga pagpang-ayo, ug mga tubag pinaagi sa tinuod nga kahibulongan nga buhat sa gahum sa Dios nga gipakita sa Iyang Anak nga si Hesus. Sa diha nagsugo si Hesus, ang tanan nga matang sa mga sakit diha-diha dayon naayo ug ang mga kadaot nalig-on ug gipahiuli.

Ang mga buta makakita, ang amang nakasulti, ug ang mga bungol nakadungog. Ang usa ka tawo nga naay kuyos nga kamot naayo, ang mga bakol misugod sa paglakaw pag-usab, ug ang mga paralitiko nakadawat og pag-ayo. Dugang pa, ang dautan nga mga espiritu gipapahawa ug ang mga patay nabuhi.

Kini nga mga kahibulongan nga mga buhat sa gahum sa Dios ang gipadayag dili lamang ni Hesus, apan pinaagi usab sa daghan nga mga profeta sa panahon sa Daang Kasabotan ug mga apostoles sa mga panahon sa Bag-ong Kasabotan. Siyempre, ang pagpakita sa gahum sa Dios ni Hesus dili matandi diha sa mga profeta ug mga apostoles. Bisan pa niana, sa mga katawohan nga nagkaamgid kang Hesus ug sa Dios mismo sa Iyang kaugalingon, Siya mihatag kanila sa gahum ug gigamit sila nga ingon sa iyang mga sudlanan. Ang Dios nga mao ang kahayag gipakita ang Iyang gahum pinaagi sa mga dekono sama ni Esteban ug ni Felipe tungod kay sila nagpagkabalaan pinaagi sa paglakaw diha sa kahayag ug nagkaamgid sa Ginoo.

Ang Apostol nga si Pablo Mipadayag sa Dakung Gahum nga Angayng Bisan Giisip nga "Dios"

Taliwala sa tanan nga mga karakter gikan sa Bag-ong Kasabotan, ang pagpakita sa gahum sa Dios sa Apostol nga si Pablo masulti nga ikaduha ang kadakuon diha kang Hesus. Siya nagwali sa ebanghelyo ngadto sa mga Hentil, nga wala makaila sa Dios, ang mga mensahe sa awtoridad nga inubanan sa mga ilhanan ug mga katingalahan. Uban niini nga matang sa gahum, si Pablo nagpamatuod ngadto sa Dios sa tinuod nga pagka-Dios ug ni Hesukristo.

Gikan sa kamatuoran nga ang pagsimba sa dios-dios ug pag-ampog usab-sab mikaylap anang panahona, tingali naay pipila ka mga katawohan taliwala sa mga Gentil nga nanglimbong sa uban. Ang pagpakaylap sa ebanghelyo ngadto sa maong mga katawohan nagkinahanglan sa pagpadayag sa buhat sa gahum sa Dios nga labaw pa sa gahum sa bakak nga pag-ampog usab-usab ug ang buhat sa dautan nga mga espiritu (Mga Taga-Roma 15:18-19).

Gikan sa Mga Buhat 14:8 ug padayon mao ang usa ka talanawon kon hain giwali ni apostol Pablo ang ebanghelyo sa usa ka rehiyon nga gitawag sa Listra. Sa dihang gisugo ni Pablo ang usa ka tawo nga piang sa tanan kaniyang kinabuhi, "Itindog ang imong mga tiil ug tumul-id ka!" Ang tawo mitindog, ug nagsugod sa paglakaw (Mga Buhat 14:10). Sa diha nga nakita kini sa mga katawohan, sila nanagsugid, "Ang mga dios nanganaug dinhi kanato sa dagway sa mga tawo" (Mga Buhat

14:11). Diha sa Mga Buhat 28 mao ang usa ka talan-awon diin miabot si apostol Pablo sa isla sa Malta human sa usa ka pagkalunod. Sa diha nga gitigum kaniya ang usa ka pundok sa kahoy, ug gibutang kini sa ibabaw sa kalayo, ang usa ka bitin migula tungod sa kainit, miukob sa iyang kamot. Sa pagkakita niini, ang mga taga-isla gilauman siya nga mohupong o sa dihadiha matumba nga patay, apan sa dihang walay nahitabo kang Pablo, ang mga katawohan miingon nga siya usa ka dios (b. 6).

Kay ang apostol nga si Pablo nag-angkon sa usa ka kasingkasing nga husto diha sa panan-aw sa Dios, siya mahimong makapakita sa buhat sa Iyang gahum bisan pa sa ingon nga siya giisip nga usa ka "dios" sa mga katawohan.

Ang Gahum sa Dios nga Mao ang Kahayag

Ang gahum gihatag dili tungod kay ang usa ka tawo nagpangandoy niini; kini gihatag lamang ngadto sa mga tawo nga kaamgid sa Dios ug mituman sa pagkabalaan. Bisan karon, ang Dios nagpangita sa mga katawohan nga mahimo Kaniyang mahatagan sa Iyang gahum aron magamit nga mga sudlanan sa himaya. Mao kana nga ang Marcos 16:20 nagpahinumdom kanato nga, "Ug sila milakaw ug miwali sa tanang dapit, samang ang Ginoo nagtrabaho uban kanila, ug nagpamatuod sa pulong pinaagi sa mga ilhanan nga misunod." Miingon usab si Hesus sa Juan 4:48, "Gawas kon makakita kag mga ilhanan ug mga katingalahan, dili ka motoo."

Ang pagdala sa dili-maihap nga mga katawohan ngadto sa kaluwasan nanawagan alang sa gahum gikan sa langit nga mahimong makapakita sa mga ilhanan ug mga katingalahan, nga sa baylo nagpamatuod sa buhi nga Dios. Sa usa ka panahon diin ang sala ug dautan hilabihan nga nagkadaghan, ang mga ilhanan ug mga katingalahan ang mas labaw nga gikinahanglan.

Sa diha nga kita magalakaw diha sa kahayag ug mahimong usa sa espiritu uban sa atong Amahan nga Dios, kita mahimong mopakita sa kadakuon sa gahum nga gipakita ni Hesus. Kini tungod kay ang atong Ginoo misaad, "Sa pagkatinuod, sa pagkatinuod, magaingon Ako kaninyo, nga ang mosalig Kanako, magahimo usab sa mga buhat nga Akong ginabuhat; ug labi pa gani ka dagkung mga buhat kay niini ang iyang pagabuhaton; kay moadto man Ako sa Amahan." (Juan 14:12).

Kon ang bisan kinsa nagpakita sa matang sa gahum sa espirituhanon nga ginsakpan nga posible lamang pinaagi sa Dios, nan siya mao ang ilhon ingon nga sa Dios. Sama sa Mga Salmo 62:11 nga nagpahinumdom kanato, "Nakaduha ako makadungog niini, nga ang gahum iya man sa Dios," ang kaaway nga yawa ug si Satanas dili makapakita sa matang sa gahum nga iya sa Dios. Siyempre, tungod kay sila mga espirituhanon nga mga binuhat sila nagpanag-iya sa labaw nga gahum aron nga malimbongan ang mga katawohan ug mopugos kanila sa pagsupak sa Dios. Usa ka hinungdan, bisan pa niana, nagpabilin nga pat-od: walay laing binuhatang ang makasundog sa gahum sa Dios, kon hain Siya mahimong makakontrol sa kinabuhi, kamatayon, panalangin, tunglo, ug sa kasaysayan sa katawohan, ug nagmugna sa usa ka butang gikan sa wala. Ang gahum iya sa ginsakpan sa Dios nga mao ang kahayag, ug mahimong mapakita lamang sa mga tawo nga natuman ang pagkabalaan ug nakab-ot ang gidak-on sa pagtoo ni Hesukristo.

Mga kalainan taliwala sa Awtoridad, Abilidad, ug Gahum sa Dios

Sa pag-ila o sa pagtumong sa abilidad sa Dios, daghan nga mga katawohan mitandi sa awtoridad sa abilidad, o abilidad sa gahum; apan, adunay usa ka tin-aw nga kalainan taliwala niining tulo.

Ang "Abilidad" mao ang gahum sa pagtoo kon hain ang usa ka butang nga imposible sa tawo posible sa Dios. Ang "Awtoridad" mao ang maligdong, maudang, ug halangdon nga gahum nga gitukod sa Dios, ug sa espirituhanon nga ginsakpan ang kahimtang sa pagkawalay sala mao ang gahum. Sa laing mga pulong, ang awtoridad mao ang pagkabalaan sa iyang kaugalingon, ug ang mga gipabalaan nga mga anak sa Dios nga hingpit gayud nga misalikway sa dautan ug kabakakan sa ilang mga kasingkasing mahimo nga makadawat sa espirituhanon nga awtoridad.

Unsa man, unya, ang "gahum"? Kini nagtumong sa abilidad ug awtoridad sa Dios kung hain Siya naghatag sa mga tawo nga milikay sa tanan nga matang sa dautan ug gipabalaan.

Kuhaa kini nga usa ka panig-ingnan. Kon ang usa ka drayber naay "abilidad" sa pagmaneho sa usa ka sakyanan, unya ang usa ka opisyal sa trapiko nga nagdumala sa trapiko adunay "awtoridad" sa pagpahunong sa bisan unsa nga sakyanan. Kini nga awtoridad – ang pagpahunong ug pagpadagan og balik sa bisan unsa nga mga sakyanan balik sa dalan - gihatag ngadto sa opisyal sa gobyerno. Busa, bisan tuod nga ang drayber naay "abilidad" sa pagmaneho sa usa ka sakyanan, sanglit kay siya kulang sa "awtoridad" sa usa ka opisyal sa trapiko, sa diha nga ang opisyal nagsulti sa drayber nga mohunong o molakat, ang drayber kinahanglan mosunod.

Sa niini nga paagi, ang awtoridad ug abilidad lahi gikan sa usag usa, ug sa diha nga ang awtoridad ug abilidad maghiusa, gitawag kanato kini sa gahum. Sa Mateo 10:1, atong makita nga "Ug ang napulog-duha ka mga tinun-an gitawag ni Hesus ug Iyang gihatagan kanila ang kagahum batok sa mga mahugawng espiritu, aron sa pagpagula sa mga niini, ug sa pag-ayo sa tanang mga matang sa sakit ug sa tanang kaluyahon." Ang gahum nagpasabot sa parehong "awtoridad" sa pagpapahawa sa mga dautang espiritu ug ang "abilidad" sa pag-ayo sa tanang mga sakit ug mga kadaot.

Kalainan taliwala sa Gasa sa Pagpang-ayo ug Gahum

Ang kadtong dili pamilyar sa gahum sa Dios nga mao ang kahayag sa kanunay mitandi niini sa gasa sa pagpang-ayo. Ang gasa sa pagpang-ayo diha sa 1 Mga Taga-Corinto 12:9 naghisgot sa buhat nga makasunog sa nataptan sa virus nga mga sakit. Kini dili makapaayo sa pagkabungol ug pagkaamang nga resulta gikan sa kaus-osan sa mga bahin sa lawas o sa kamatayon sa selyula sa ugat. Ang maong mga kaso sa mga sakit ug sa mga kadaot mahimong mamaayo lamang pinaagi sa gahum sa Dios ug pinaagi sa pag-ampo sa pagtoo nga makapahimuot Kaniya. Dugang pa, samtang ang gahum sa Dios nga mao ang kahayag gipakita sa tanan nga panahon, ang gasa sa pagpa-ayo dili kanunay nga magtrabaho.

Sa usa ka bahin, ang Dios nagahatag sa gasa sa pagpang-ayo sa kadtong, walay pagtagad sa gidak-on sa pagpabalaan sa mga katawohan sa kasingkasing, nga nahigugma ug nag-ampo sa daku kaayo alang sa uban ug sa ilang mga espiritu, ug nga giisip sa Dios nga maisugon ug mapuslanon nga mga sudlanan. Apan, kon ang gasa sa pagpang-ayo gigamit dili alang sa Iyang himaya apan sa usa ka sayop nga paagi ug alang sa kaugalingong kaayohan, ang Dios sa pagkatinuod magakuha niini pagbalik.

Sa laing bahin, ang gahum sa Dios gihatag lamang ngadto sa mga tawo nga nakatuman sa pagkabalaan sa kasingkasing; sa dihang gihatag, kini dili makapahuyang o malaya tungod kay ang nakadawat dili gayud gamiton kini alang sa iyang kaugalingon nga mga benepisyo. Hinunoa, sa mas nagkadugang ang pagkaamgid sa kasingkasing sa Ginoo, mao ang mas taas nga mga lebel sa gahum sa Dios ang ihatag diha kaniya. Kon ang kasingkasing ug kinaiya sa usa ka tawo mahimong usa uban sa Ginoo, mahimo siya nga mopakita bisan pa sa buhat sa gahum sa

Dios nga gipakita ni Hesus sa Iyang kaugalingon.

Adunay mga kalainan sa mga paagi sa pagpakita sa gahum sa Dios. Ang gasa sa pagpang-ayo dili makapa-ayo sa grabe o talagsaong mga sakit ug kini mas lisud para sa kadtong naay gamay nga pagtoo aron mamaayo pinaagi sa gasa sa pagpang-ayo. Apan, pinaagi sa gahum sa Dios nga mao ang kahayag, walay imposible. Sa diha nga ang pasyente nagpakita sa bisan sa usa ka gamay nga pagpamatuod sa iyang pagtoo, ang pagka-ayo pinaagi sa gahum sa Dios mahimo dayon. Dinhi, ang "pagtoo" nagtumong sa espirituhanon nga pagtoo kon hain ang usa nagtoo gikan sa sentro sa iyang kasingkasing.

Upat ka mga Lebel sa Gahum sa Dios nga mao ang Kahayag

Pinaagi kang Hesukristo nga mao ra sa gihapon sa kagahapon ug karon, ang bisan kinsa nga giisip nga usa ka angay nga sudlanan sa atubangan sa Dios makapakita sa Iyang gahum.

Adunay daghang lain-laing mga lebel sa pagpakita sa gahum sa Dios. Sa mas kadaghan kanimong pagtuman sa espiritu, ang mas taas nga lebel sa gahum ang imong mapasulod, ug madawat. Ang mga katawohan kansang mga espirituhanon nga mga mata nabuka makakita sa lain-laing mga lebel sa pagdan-ag sa kahayag sumala sa matag lebel sa gahum sa Dios. Ang mga tawo nga mga linalang mahimong makapakita hangtud sa upat ka mga lebel sa gahum sa Dios.

"Nagpaagas ako sa mga luha sa adlaw ug sa
gabii.
Ako mas labaw pa nga gisakitan
sa diha nga ang mga katawohan mitan-aw
kanako
ingon nga 'ang batang may AIDS.'"

Nag-ayo kanako ang Ginoo
uban sa Iyang gahum
ug naghatag sa akong pamilya og katawa.
Ako malipayon kaayo karon!

Ang unang lebel sa gahum mao ang pagpakita sa gahum sa Dios pinaagi sa pula nga kahayag, nga nagalaglag pinaagi sa kalayo sa Espiritu Santo.

Ang kalayo sa Espiritu Santo nga gipagawas gikan sa unang lebel sa gahum nga gipakita pinaagi sa pula nga kahayag magasunog ug magaayo sa mga sakit lakip na ang nataptan sa kagaw ug virus nga mga sakit. Ang mga balatian lakip na ang kanser, mga sakit sa baga, diabetes, leukemia, sakit sa kidney, arthritis, sakit sa kasingkasing, ug AIDS mahimong mamaayo. Kini wala magpasabot, bisan pa niana, nga ang tanan nga mga sakit sa ibabaw mahimong mamaayo sa unang lebel sa gahum. Kadtong mitunob na lapas sa utlanan sa kinabuhi nga gibutang sa Dios, sama sa kaso sa katapusan nga yugto sa kanser o sakit sa baga, ang unang lebel sa gahum dili igo.

Ang pagpahiuli sa mga bahin sa lawas nga nadaot o dili husto nga makalihok nagkinahanglan sa mas daku nga gahum nga dili lamang sa pag-ayo apan usab sa pagbuhat pag-usab sa bag-ong mga bahin sa lawas. Bisan sa maong kahimtang, ang gidak-on sa gipakita nga pagtoo sa pasyente ingon man ang gidak-on sa pagtoo nga gipakita sa iyang pamilya diha sa gugma alang kaniya mao ang motino sa lebel kon diin ang Dios mopakita sa Iyang gahum.

Sukad sa pagkatukod, naa na'y dili maihap nga mga pagpakita sa unang-lebel sa gahum sa Manmin Central Church. Sa diha nga ang mga katawohan magtuman sa pulong sa Dios ug makadawat sa pag-ampo, ang mga sakit sa tanan nga mga

kahimtang ug pagkagrabe ang mamahinlo. Kon ang mga katawohan mangumusta sa akong mga kamot o mihikap sa sidsid sa akong mga bisti, nakadawat sa pag-ampo pinaagi sa mga panyo nga akong giampoan, ug pag-ampo nga girekord sa automated nga sistema sa mensahe sa telepono, o sa diha nga ako nag-ampo sa mga litrato sa mga pasyente, among nasaksihan ang pagpang-ayo sa Diyos sa matag panahon.

Ang buluhaton sa unang lebel sa gahum dili limitado sa paglaglag pinaagi sa kalayo sa Espiritu Santo. Bisan alang sa usa ka panahon, sa diha nga ang usa ka tawo nag-ampo sa pagtoo ug mahimong dinasig, apektado sa, ug napuno sa Espiritu Santo, ang bisan kinsa nga indibiduwal mahimo magpakita bisan sa mas daku nga buhat sa gahum sa Dios. Apan, kini usa ka temporaryo nga panghitabo ug dili usa ka pamatuod sa permanente nga nasukip nga gahum sa Dios, nga mahitabo lamang kini kon angay sa Iyang kabubut-on.

Ang ikaduha nga lebel sa gahum mao ang pagpakita sa gahum sa Dios pinaagi sa asul nga kahayag.

Ang Malaquias 4:2 nagsulti kanato, "Apan kaninyo nga may kahadlok sa Akong ngalan, ang adlaw sa pagkamatarung mosubang nga adunay kaluwasan sa iyang mga pako; ug kamo manggula, ug managlumpat sa kalipay maingon sa mga nating baka sa toril." Ang mga katawohan kansang mga espirituhanon nga mga mata nabuka makakita sa silaw nga sama sa laser nga mga kahayag nga nagpagawas sa mga sagbayan sa pagka-ayo.

Ang ikaduha nga lebel sa gahum magapagula sa kangitngit ug nagapahigawas sa mga katawohan nga giyawaan, nga kontrolado ni Satanas, ug gimandoan sa nagkalain-laing matang sa dautan nga mga espiritu. Usa ka subay sa mga sakit sa panghunahuna nga gidala sa mga puwersa sa kangitngit, lakip na ang autism, nervous breakdown, ug ang uban mamaaayo sa ikaduhang lebel sa gahum.

Kini nga mga matang sa mga sakit mahimong malikayan kon kita "Kanunay nga magkalipay" ug "maghatag ug mga pasalamat sa tanan nga mga butang." Hinonoa nga magmalipayon kanunay ug maghatag sa mga pasalamat sa tanan nga mga kahimtang, kon ikaw magdumot sa uban, mohambin og laing mga pagbati, maghunahuna og negatibo, ug dali ra masuko, nan ikaw mas lagmit nga matapnan sa maong mga sakit. Sa diha nga ang mga puwersa ni Satanas, nga nagpahimo sa tawo sa pag-angkon sa dautan nga hunahuna ug kasingkasing, mapapahawa, ang kadtong tanan nga mga sakit sa panghunahuna natural nga magmaayo.

Sa matag panahon, pinaagi sa ikaduhang lebel sa gahum sa Dios, ang pisikal nga mga sakit ug kaluyahon mangaayo. Ang maong mga sakit ug kaluyahon tungod sa mga buhat sa mga demonyo ug mga yawa mangaayo pinaagi sa kahayag sa ikaduha nga lebel sa gahum sa Dios. Dinhi, ang "mga kaluyahon" nagtumong sa kaus-osan ug paralisis sa mga bahin sa lawas, ingon sa kahimtang sa mga tawo nga mga amang, bungol, bakol, buta, paralisado gikan sa pagkatawo, ug sa mga sama.

Gikan sa Marcos 9:14 padayon mao ang usa ka talan-awon

diin si Hesus gipapahawa ang usa ka "amang ug bungol nga espíritu" gikan sa usa ka bata nga lalaki (b. 25). Kining bata nga lalaki nahimong bungol ug amang tungod sa usa ka dautan nga espiritu sa sulod kaniya. Sa diha nga gipapahawa ni Hesus ang espiritu, ang bata naayo dihadiha.

Pinaagi sa mao gihapon nga timaan, sa diha nga ang hinungdan sa usa ka sakit mao ang puwersa sa kangitngit, lakip na ang mga demonyo, ang mga dautan nga mga espiritu kinahanglan nga mapapahawa aron nga ang pasyente mamaayo. Kon ang usa ka tawo nag-antos gikan sa mga problema sa iyang sistema sa tinae ingon nga epekto sa nervous breakdown, ang hinungdan kinahanglan nga makuha pinaagi sa pagpapahawa sa puwersa ni Satanas. Sa mga sakit sama sa paralysis ug arthritis, ang buhat sa mga puwersa ug mga salin sa kangitngit mahimo usab nga makita. Usahay, bisan tuod ang medikal nga panghiling dili makamatikod sa bisan unsa sa pisikal nga sayop, ang mga katawohan nag-antos sa kasakit dinhi ug didto sa ilang mga lawas. Sa diha nga ako mag-ampo alang sa kang bisan kinsa nga nag-antos sa niini nga paagi, ang uban kansang espirituhanon nga mga mata nabuka sagad makakita sa puwersa sa kangitngit sa dulumtanan nga mga porma sa mananap nga mobiya sa lawas sa pasyente.

Dugang pa sa mga puwersa sa kangitngit nga makita diha sa mga sakit ug sa mga kaluyahan, ang ikaduha nga lebel sa gahum sa Dios, nga mao ang kahayag, mahimo usab magpapahawa sa mga puwersa sa kangitngit nga makita diha sa panimalay, negosyo, ug sa trabaho. Sa diha nga ang usa ka tawo mahimo nga

"Oh, Dios! Sa unsang paagi nga kini nahimong posible? Sa unsang paagi nga kini nga posible nga ako makalakaw?"

Ang usa ka Kenyan nga tigulang nga babaye nakalakaw human lamang sa pag-ampo gikan sa pulpito

makapakita sa ikaduha nga lebel sa gahum sa Dios miduaw sa mga nag-antos gikan sa paglutos sa balay ug mga kagul-anan sa trabaho ug negosyo, sa pagpapahawa sa kangitngit ug ang kahayag modan-ag diha sa mga katawohan, ang mga panalangin sumala sa ilang mga buhat ang mokunsad diha kanila.

Ang pagpabuhig usab sa patay o ang pagtapos sa kinabuhi sa usa ka tawo sumala sa kabubut-on sa Dios mao ang buhat sa ikaduha nga lebel sa gahum sa Dios usab. Ang mosunod nga mga higayon nabutang sa maong kategoriya: ang pagpabuhig usab ni apostol Pablo kang Eutico (Mga Buhat 20:9-12); Ang pagpanglingla ni Ananias ug Safira kang apostol Pedro ug ang misunod nga tunglo kaniya nga miresulta sa ilang kamatayon (Mga Buhat 5:1-11); ug si Eliseo sa pagtunglo sa mga bata nga usab miresulta sa ilang kamatayon (2 Hari 2:23-24).

Adunay, bisan pa niana, sukaranan nga mga kalainan sa mga buhat ni Hesus ug sa mga apostoles nga si Pablo ug si Pedro ug sa kang Profeta Eliseo. Sa katapusan, ang Dios ingon nga ang Ginoo sa tanan nga mga espiritu magatugot alang sa usa ka tawo nga mabuhi o kuhaon. Bisan pa niana, tungod kay si Hesus ug ang Dios ang usa ra og pareho, kon unsa ang buot ni Hesus mao sab ang buot sa Dios. Kini maoy hinungdan ngano nga si Hesus makapabuhig usab sa mga patay pinaagi lamang sa pagsugo kanila pinaagi sa Iyang pulong (Juan 11:43-44), samtang ang ubang mga profeta ug mga apostoles kinahanglang mangayo sa kabubut-on sa Dios ug sa Iyang pag-uyon aron sa pagpabuhi sa bisan kang kinsa.

"Bisan ako wala gani gusto nga motan-aw sa akong lawas nga hingpit nga naluto ...

Sa diha nga ako nag-[...]
Siya mianha kanako, [...]
gikab-ot ako sa Iyang kamot,
ug ako gibutang sa Iyang [...]

Pinaagi sa Iyang gugma ug dedikasyon,
ako nakadawat og usa ka bag-ong kinabuhi ...
Aduna ba'y bisan usa nga butang
nga dili kanako mahimo alang sa Ginoo?"

Si Senior Dekonesa Eundeuk Kim, giaayo sa ikatulo nga ang-ang sa pagkasunog gikan sa ulo hangtud sa tudlo sa tiil

Ang ikatulo nga lebel sa gahum mao ang pagpakita sa gahum sa Dios pinaagi sa puti o walay kolor nga kahayag, ug inubanan sa tanan nga mga matang sa mga ilhanan ug sa buhat sa paglalang.

Sa ikatulo nga lebel sa gahum sa Dios nga mao ang kahayag, ang tanan nga matang sa mga ilhanan ug ang buhat sa paglalang gipakita. Dinhi, "ang mga ilhanan" nagtumong sa pagpang-ayo kon diin ang mga buta makakita, ang amang makasulti, ug ang mga bungol makabati. Ang bakol mobangon ug molakaw, ang mga bitiis nga kabos motaas, ug ang paralisis sa bata o cerebral palsy ang bug-os nga maayo. Ang nadaot o bug-os nga nagkadunot nga bahin sa lawas gikan sa pagkatawo mapahiuli. Nadugmok nga mga bukog ibutang balik sa tingob, ang nangawala nga bukog buhaton og usab, ang mubo nga mga dila motubo, ug ang mga ugat makonekta pag-usab. Dugang pa, tungod kay ang mga kahayag sa una, ikaduha, ug ikatulong mga lebel sa gahum sa Dios mapakita og dungan sa ikatulo nga lebel sumala sa gikinahanglan, walay sakit ug kaluyahon ang maghimog usa ka problema.

Bisan kon ang usa ka tawo nasunog gikan sa ulo ngadto sa tiil, ug ang iyang mga selyula ug mga kaunoran nangasunog, o bisan pa kon ang unod naluto sa nagabukal nga tubig, ang Dios makahimo sa tanang butang og bag-o. Ingon nga ang Dios makahimo og usa ka butang gikan sa wala, Siya makaayo dili lamang sa walay-kinabuhi nga mga butang sama sa mga makinarya, apan usab mga bahin sa lawas sa tawo nga dili maayo.

Sa Manmin Central Church, pinaagi sa pag-ampo sa panyo og pag-ampo nga narekord ingon nga automated nga mensahe sa telepono, ang mga organo sa sulod sa lawas sa tawo nga wala nagaobra sa hustong paagi o grabe nga naguba ang gipahiuli. Ingon sa brutal nga naguba nga mga baga nangaayo samtang ang mga kidney ug atay nga nagkinahanglan og transplant mahimong normal, sa ikatulo nga lebel sa gahum sa Dios, ang buhat sa gahum sa paglalang nga walay paghunong nga gipakita.

Adunay usa ka butang nga tin-aw nga kalainan. Sa usa ka bahin, kon ang pagtrabaho sa usa ka bahin sa lawas nga naluya ang gipahiuli, kana mao ang buhat sa unang lebel sa gahum sa Dios. Sa laing bahin, kon ang pagtrabaho sa usa ka bahin sa lawas nga walay higayon nga mamaayo ang napahiuli og gibuhat pag-usab, kana mao ang buhat sa ikatulo nga lebel sa gahum sa Dios, ang gahum sa paglalang.

Ang ikaupat nga lebel sa gahum mao ang pagpakita sa gahum sa Dios pinaagi sa bulawan nga kahayag, ug mao ang katumanan sa gahum.

Kay kita makasugid pinaagi sa buhat sa gahum nga gipakita ni Hesus, ang ikaupat nga lebel sa gahum nagdumala sa tanan nga mga butang, nagahari sa panahon, ug nagsugo bisan sa mga walay kinabuhi nga mga butang nga magtuman. Sa Mateo 21:19, sa diha nga gitunglo ni Hesus ang usa ka kahoy nga higera, atong makita nga, "Ang kahoyng igira nalaya dihadiha." Gikan sa Mateo 8:23 ug padayon ang usa ka talan-awon diin gibadlong ni

Hesus ang mga hangin ug ang mga balod, ug kini bug-os nga nalinaw. Bisan ang kinaiyahan ug ang ingon nga walay kinabuhi nga mga butang sama sa mga hangin ug ang dagat nagmasulundon diha sa pagmando kanila ni Hesus.

Sa makausa misulti si Hesus kang Pedro nga moadto sa lawom nga tubig, ug itaktak ang mga pukot para makakuhag isda, ug sa diha nga nagtuman si Pedro, siya nakadakop sa daku kaayong gidaghanon sa mga isda nga ang iyang pukot misugod sa pagkabuslot (Lucas 5:4-6). Sa laing higayon, giingnan ni Hesus si Pedro nga "moadto ka sa lanaw, pag-itsag pasol, ug bitara ang unang isda nga mapaslan ug bingata ang baba, ug sa sulod niini makaplagan mo ang usa ka estatero. Kuhaa kini ug ibayad mo kanila alang Kanako ug kanimo" (Mateo 17: 24-27).

Kay ang Dios milalang sa tanan nga mga butang sa uniberso pinaagi sa Iyang Pulong, sa diha nga gisugo ni Hesus ang uniberso, nagtuman kini kaniya ug nahimong tinuod. Pinaagi sa mao gihapon nga timaan, sa diha nga makaangkon kita sa tinuod nga pagtoo, kita sigurado sa unsay atong gilauman ug sa unsa nga dili kanato makita (Mga Hebreohanon 11:1), ug ang buhat sa gahum nga nagmugna sa tanan nga mga butang gikan sa wala ang igapadayag.

Dugang pa, sa ikaupat nga lebel sa gahum sa Dios, ang buhat mapakita nga milapas sa panahon ug luna.

Lakip sa mga pagpakita sa gahum sa Dios ni Hesus, ang pipila kanila mipatigbabaw sa panahon ug luna. Gikan sa Marcos 7:24

"Kini akin kasao,
Kini akin kaayo
nga ako dili makaubli sa akong
mga inan.
Walay usa nga nasayud kon unsa
ang akong giaboy.
Apan nasayud sa kining tanan
ang Ginoo
ug giapor ako."

Si Cynthia sa Pakistan,
giayo sa celiac disease ug ileus

ug padayon mao ang usa ka talan-awon diin ang usa ka babaye ang mihangyo kang Hesus sa pag-ayo sa iyang giyawaan nga anak nga babaye. Sa pagkakita sa pagpaubos sa babaye ug sa pagtoo, si Hesus miingon kaniya, "Tungod sa pagsulti mo niana, pumauli ka; ang yawa mipahawa na sa imong anak" (b. 29). Sa diha nga mipauli ang babaye, nakita kaniya ang iyang anak nga nagahigda sa higdaanan, ug ang yawa wala na.

Bisan tuod si Hesus wala moduaw sa matag usa sa mga masakiton og personal, sa diha nga nakita Kaniya ang pagtoo sa mga masakiton ug nagsugo, ang mga pagpang-ayo mipatigbabaw sa panahon ug luna ang nahitabo.

Ang paglakaw ni Hesus sa ibabaw sa tubig, nga mao ang buhat sa gahum Siya lamang sa Iyang kaugalingon ang mipadayag, usab nagpamatuod sa kamatuoran nga ang tanang butang sa uniberso anaa sa ilalum sa awtoridad ni Hesus.

Dugang pa, nagsulti kanato si Hesus diha sa Juan 14:12, "Sa pagkatinuod, sa pagkatinuod, magaingon Ako kaninyo, nga ang mosalig Kanako magahimo usab sa mga buhat nga Akong ginabuhat; ug labi pa gani ka dagkung mga buhat kay niini ang iyang pagabuhaton, kay moadto man Ako sa Amahan." Kay Siya mipasalig kanato, tinuod nga kahibulongan nga buhat sa gahum sa Dios ang gipadayag diha sa Manmin Central Church karon.

Pananglitan, nagkalain-lain nga mga katingalahan kon diin ang panahon nausab ang nahitabo. Sa diha nga ako mag-ampo, ang usa ka ulan nga nagbubo moundang sa usa lang ka kisap sa mata; ang usa ka ngitngit kaayo nga panganod mosibog; ug ang usa ka walay lama nga langit mapuno sa mga panganod sa dihadiha. Adunay usab dili maihap nga mga higayon diin ang walay kinabuhi nga mga butang managtuman sa akong pag-ampo. Bisan sa kaso sa mahulgaon sa kinabuhi nga pagkahilo sa carbon monoxide, sa usa ka minuto o duha human sa akong sugo, ang tawo nga walay panimuot naulian ug wala nag-antus sa laing mga epekto. Sa diha nga ako nag-ampo alang sa usa ka indibiduwal nga nag-antus gikan sa ikatulo nga lebel sa pagkasunog, Ang nagdilaab nga pagbati, nawala," ang tawo wala na mobati sa bisan unsang kasakit.

Dugang pa, ang buhat sa gahum sa Dios nga molapas sa panahon ug luna mao ang nahitabo og mas kadaghanan ug mas labaw kaayo. Ang kaso ni Cynthia, ang anak nga babaye ni Rev. Wilson John Gil, ang senior pastor sa Pakistan Manmin Church mao ang labing nailhan. Sa diha nga ako nag-ampo alang kang Cynthia sa iyang litrato sa Seoul, Korea, usa ka babaye nga ang mga doktor nawad-an na sa tanang paglaum, sa madali naulian gikan sa higayon nga ako nag-ampo alang kaniya gikan sa liboan ka mga milya.

Sa ikaupat nga lebel sa gahum, ang gahum sa pag-ayo sa mga sakit, magapapahawa sa mga puwersa sa kangitngit, magpakitag mga ilhanan ug mga katingalahan, ug magsugo sa tanan nga mga butang sa pagtuman - ang hiniusa nga buhat sa una, ikaduha, ikatulo, ug ikaupat nga lebel sa gahum - ang gipakita.

Ang Labing Hataas nga Gahum sa Paglalang

Ang Biblia nagrekord sa pagpakita ni Hesus sa gahum nga anaa sa ibabaw sa ikaupat nga lebel sa gahum. Kini nga lebel sa gahum, ang Labing Hataas nga Gahum, iya sa Magbubuhat. Kini nga gahum ang gipadayag dili sa parehong lebel kon diin ang mga tawo mahimo mopakita sa Iyang gahum. Hinunoa, kini gikan sa orihinal nga kahayag nga milandag sa dihang ang Dios naglungtad nga nag-inusara.

Sa Juan 11, si Hesus nagmando kang Lazaro, nga patay na alang sa upat ka adlaw ug kansang lawas nagpagawas na sa usa ka makalilisang nga baho, "Lazaro, gawas ngari!" Sa Iyang pagmando, ang patay nga tawo migula, ang iyang mga kamot ug mga tiil giputos sa mga gilis sa lino, ug ang usa ka panapton sa iyang nawong (b. 43-44).

Human ang usa ka tawo magkuha sa tanan nga matang sa dautan, magpakabalaan, mahimong kaamgid sa kasingkasing sa iyang Amahan nga Dios, ug mausab ngadto sa usa ka bug-os nga espiritu, siya makasulod sa espirituhanon nga ginsakpan. Sa mas kadaghan kaniyang nagatigum sa mga kahibalo sa espirituhanon nga ginsakpan, mas taas ang iyang pagpakita sa gahum sa Dios ang mopahitaas sa ibabaw sa ikaupat nga lebel.

Niadtong panahona, siya nakaabot sa lebel sa gahum, gahum nga mahimo lamang mapakita sa usa ka Dios, nga mao ang Labing Hataas nga Gahum sa Paglalang. Sa diha nga ang tawo hingpit nga makabuhat niini, ingon sa panahon sa diha nga gibuhat sa Dios ang tanang butang sa uniberso pinaagi sa Iyang sugo, siya usab mopakita sa katingalahang buhat sa paglalang.

Panaglitan, sa diha nga siya magmando sa usa ka buta nga tawo, "Ablihi ang inyong mga mata," ang mga mata sa buta nga tawo diha-diha dayon giablihan. Sa diha nga siya magmando sa usa ka amang nga tawo, "Pagsulti!" ang amang nga tawo mosulti dihadiha. Sa diha nga siya magmando sa usa ka bakul, "Pagtindog," ang bakol nga tawo magalakaw ug modagan. Sa diha nga siya magamando, ang mga ulat ug mga bahin sa lawas nga nagkadunot ang mabag-o.

Kini natuman pinaagi sa kahayag, ug sa tingog sa Dios, nga naglungtad nga ingon sa kahayag ug sa tingog sukad sa wala pa ang sinugdanan sa panahon. Sa diha nga ang walay kinutoban nga gahum sa paglalang sa kahayag ipagawas pinaagi sa tingog, ang kahayag mokunsad ug ang buhat mapakita. Kini mao ang paagi alang sa mga katawohan, nga mitikang lapas sa utlanan sa kinabuhi nga gibutang sa Dios, ug ang mga sakit ug mga kaluyahan nga dili matambalan sa una, ikaduha, o ikatulo nga lebel sa gahum, mamaayo.

Pagdawat sa Gahum sa Dios nga mao ang kahayag

Unsa nga paagi nga kita maanggid sa kasingkasing sa Dios nga mao ang kahayag, modawat sa Iyang gahum, ug magdala sa dili maihap nga mga katawohan ngadto sa dalan sa kaluwasan?

Una, dili lamang kita kinahanglan gayud maglikay sa tanang matang sa kadautan ug magtuman sa pagkabalaan, apan usab sa pagkab-ot sa kaayohan sa kasingkasing ug mangandoy alang sa labing hataas nga kamaayo.

Kon dili ka mopakita sa mga timailhan sa kalain og buot o pagkadili komportable batok sa usa ka tawo nga naghimo sa imong kinabuhi nga lisud kaayo o midaot kanimo, mahimo ba kang maingon nga nagtuman sa kamaayo sa kasingkasing? Dili, dili kana mao nga kaso. Bisan kon walay pagkurog sa kasingkasing o usa ka pagbati sa kahasol ug maghulat ka ug molahutay, sa atubangan sa Dios kini mao lamang ang unang lakang sa kamaayo.

Sa mas taas nga lebel sa kamaayo, ang usa mosulti ug molihok sa mga paagi aron matandog ang mga katawohan nga naghimo sa iyang kinabuhi nga lisud o makadaot kaniya. Sa labing hataas nga kamaayo kon diin ang Dios mapahimuot, ang usa kinahanglan nga makahimo sa paghatag sa iyang kaugalingon nga kinabuhi alang sa iyang kaaway.

Si Hesus makapasaylo sa mga katawohan nga naglansang Kaniya ug alang niadtong mga katawohan sa kinabubut-on mitugyan sa Iyang kinabuhi tungod kay Siya nag-angkon sa labing hataas nga kamaayo. Si Moises ug si apostol Pablo parehong andam nga naghatag sa ilang mga kinabuhi alang sa kadtong mga katawohan nga naningkamot sa pagpatay kanila.

Kaniadtong ang Dios andam na sa paglaglag sa mga katawohan sa Israel, nga misupak uban sa pagsimbag dios-dios, mireklamo, ug mihupot og kadumot batok Kaniya bisan nga sila nakasaksi sa dagkung mga ilhanan ug mga katingalahan, sa unsang paagi man si Moises mibalus kanila? Siya sa dakung tinguha mihangyo sa Dios: "Apan karon, kong pasayloon mo ang ilang sala; ug dili ugaling, palaa ako, ginaampo ko kanimo, gikan sa imong basahon nga gisulatan mo!" (Exodo 32:32) Si apostol Pablo hisama sab. Sumala sa iyang gikompisal sa Mga Taga-Roma 9:3, "Kay arang ko pa gani matinguha ang akong pagkatinunglo ug pagkasinalikway gikan kang Kristo alang sa kaayohan sa akong mga igsoon nga ako rang mga paryenti sa pagkatawo," si Pablo nakatuman sa labing hataas nga kamaayo ug busa dagkung buhat sa gahum sa Dios ang kanunay nga mikuyog kaniya.

Sunod, kinahanglan kanatong matuman ang espirituhanon nga gugma.

Ang gugma nagpaghubas na og pag-ayo karon. Bisan tuod daghang mga katawohan ang mosulti sa usag usa, "Gihigugma ko ikaw," sa paglabay sa panahon, atong makita nga ang kadaghanan niini nga "gugma" mao ang unodnong gugma nga mausab. Ang gugma sa Dios mao ang espirituhanon nga gugma nga makapadasig sa matag adlaw, ug gihulagway sa detalye diha sa 1 Mga Taga-Corinto 13.

Una, "Ang gugma mapailubon [ug] mapuangoron. Ang gugma dili masinahon, dili tigpagawal." Ang atong Ginoo mipasaylo sa tanan sa atong mga sala ug mga depekto, ug miabli sa dalan sa kaluwasan pinaagi sa mapailubon nga paghulat bisan alang sa mga dili mapasaylo. Bisan pa niana, bisan pa nga isugid kanato ang atong gugma alang sa Ginoo, kita dali ba nga ibutyag ang mga sala ug mga sayop sa atong mga igsoon? Kita ba dali sa paghukom ug sa pagkondena sa uban sa diha nga ang usa ka butang o usa ka tawo dili takos sa atong kagustohan? Kita ba abughoan sa usa ka tawo kansang kinabuhi namaayo o mibati nga nasagmuyo?

Sunod, ang gugma "dili tigpaburot [ug] dili bastos" (b.5) Bisan pa kon kita mahimo nga makita nga naghimaya sa Ginoo sa gawas, kon kita adunay usa ka kasingkasing nga gustong ilhon sa uban, ibutyag ang atong kaugalingon, ug sa dili pagtagad o sa pagtudlo sa uban tungod sa atong posisyon o awtoridad, kini mao ang panghambog ug mapahitas-on.

Dugang pa, ang gugma "dili maakop-akopon, dili masukanon o maligotguton" (b.5). Ang atong mga bastos nga kinaiya ngadto sa Dios ug sa mga katawohan, ang atong maduhaduhaon nga mga kasingkasing ug mga hunahuna nga dali ra mausab, ang atong paningkamot nga mahimong mas daku bisan gani sa kapakyasan sa uban, ang atong dali ra mapanamkon nga laing mga pagbati, ang atong kalagmitan nga maghunahuna og negatibo ug dautan sa uban, ug ang sama, wala naglangkob sa gugma.

"Dugang pa, ang gugma "wala magakalipay sa mga buhat nga dili matarung, hinonoa nagakalipay kini sa mga butang nga maminatud-on" (b.6). Kon kita adunay gugma, kinahanglan nga kanunay kita maglakaw ug magmaya diha sa kamatuoran. Ingon sa 1 Juan 3:4 nga nagsulti kanato, "Wala na Akoy kalipay nga molabaw pa niini, nga mao ang pagpakadungog nga ang akong mga anak nanagsubay sa kamatuoran," ang kamatuoran kinahanglan nga mao ang tinubdan sa atong kamaya ug kalipay.

Sa katapusan, ang gugma "mopailub sa tanang mga butang, motoo sa tanang mga butang, molaum sa tanang mga butang [ug] moantus sa tanang mga butang" (b.7). Kadtong tinuod nga nahigugma sa Dios makaila sa kabubut-on sa Dios, ug sa ingon sila mahimong makatoo sa tanang mga butang. Sa pagpaabot sa mga katawohan ug sa maikagon nga pagtoo sa pagbalik sa atong Ginoo, ang pagkabanhaw sa mga tumuluo, langitnong mga gasa, ug ang mga sama, sila naglaum alang sa mga butang sa itaas, molahutay sa tanan nga mga kalisdanan, ug maningkamot sa pagtuman sa Iyang kabubut-on.

Aron sa pagpakita sa ebidensya sa Iyang gugma alang sa mga tawo nga motuman sa kamatuoran sama sa kamaayo, gugma, ug ang uban ingon nga gitala diha sa Biblia, ang Dios nga mao ang kahayag naghatag kanila sa Iyang gahum ingon nga usa ka gasa. Siya maikagon sab sa pag-ila ug motubag sa tanan nga mga tawo nga naningkamot sa paglakaw diha sa kahayag usab.

Busa, pinaagi sa pagdiskubre sa imong kaugalingon ug sa

paggisi sa imong kasingkasing, unta ikaw nga nagpangandoy nga makadawat sa mga panalangin sa Dios ug sa mga tubag mahimo nga andam nga mga sudlanan sa atubangan Kaniya ug makasinati sa gahum sa Dios, sa ngalan sa atong Ginoong Hesukristo nag-ampo ako!

Mensahe 6
Ang mga Mata sa Buta Magaabli

Juan 9:32-33

Sukad sa sinugdanan sa kalibutan,
wala pa gayud igdungog
nga dihay nakapabuka sa mga mata
sa usa ka tawong nahimugso nga buta.
Kon kadtong tawhana dili pa gikan sa Dios,
wala unta Siyay arang mahimo

Diha sa Mga Buhat 2:22, ang disipolo ni Hesus nga si Pedro, human siya nakadawat sa Espiritu Santo, misulti sa mga Hudeo pinaagi sa pagkutlo sa mga pulong ni Profeta Joel. "Mga tawo sa Israel, patalinghugi ninyo kining mga pulonga: si Hesus nga Nazaretnon, usa ka tawo nga gipanghimatud-an kaninyo sa Dios pinaagi sa gamhanang mga buhat ug mga kahibulongan ug mga ilhanan nga gihimo sa Dios pinaagi Kaniya taliwala ninyo, sama sa inyo nang nasayran." Ang dakung pagpakita ni Hesus sa gahum, mga ilhanan, ug mga kahibulongan mao ang mga ebidensiya nga nagpamatuod nga ang Hesus nga gilansang sa mga Hudeo sa krus mao gayud ang Mesiyas kansang pag-anhi ang gitagna diha sa Daang Kasabotan.

Dugang pa, si Pedro sa iyang kaugalingon nakapakita sa gahum sa Dios human nadawat ug gigamhan sa Espiritu Santo. Siya miayo sa usa ka bakol nga makililimos (Mga Buhat 3:8), ug ang mga nga katawohan tungod niana ila na gayud ganing gipangdala ang mga masakiton ngadto sa kadalanan, ug gibutang sa mga lantay ug mga higdaanan, basin na lang aduna kanilay mahilandungan sa anino ni Pedro inig-agi kaniya (Mga Buhat 5:15).

Tungod kay ang gahum mao ang usa ka garantiya nga nagpamatuod sa presensya sa Dios uban sa usa nga nagpadayag sa gahum ug ang labing siguro nga paagi sa pagtanom sa usa ka binhi sa pagtoo diha sa mga kasingkasing sa mga dili tumuluo, ang Dios naghatag sa gahum sa kadtong Iyang giisip nga angayan.

Giayo ni Hesus ang Tawo nga Natawo nga Bulag

Ang istorya sa Juan 9 nagsugod sa pagkasugat sa usa ka tawo ni Hesus nga natawo nga buta sa Iyang giagian nga dalan. Gusto masayud sa mga disipolo ni Hesus kon ngano nga ang tawo nabuta gikan sa pagkatawo. "Rabi, kinsa may nakasala, kini bang tawhana o ang iya bang mga ginikanan, nga nahimugso man siyang buta?" (b.2) Sa tubag, si Hesus mipasabut kanila nga ang tawo natawo nga buta aron nga ang buhat sa Dios ikapadayag diha sa iyang kinabuhi (b.3). Unya siya miluwa sa yuta, naghimo og lapok sa laway, ug gibutang kini sa ibabaw sa mga mata sa tawo, ug nagmando sa tawo nga natawo nga buta, "Lakaw, panghilam-os didto sa tubod sa Siloe" (bb. 6-7). Sa diha nga gituman dihadiha sa tawo ug naghugas didto sa Linaw sa Siloam, ang iyang mga mata naabli.

Bisan tuod adunay daghang ubang mga katawohan nga giayo ni Hesus diha sa Biblia, usa ka kalainan ang nagbutang niini nga tawo nga natawo nga buta gawas gikan sa tanang uban. Ang tawo wala magpakitluoy ni Hesus sa pag-ayo kaniya; sa baylo, si Hesus miadto sa tawo ug giayo siya sa bug-os.

Nan, nganong wala kini nga tawo nga natawo nga buta nagdawat sa maong madagayaon nga grasya?

Una, ang tawo kinahanglan nga masulundon.

Sa usa ka ordinaryo nga tawo, walay bisan sa unsang gibuhat ni Hesus - ang Iyang pagluwa sa yuta, sa paghimo sa lapok, sa pagbutang sa lapok sa mga mata sa buta nga tawo, ug sa pagsulti sa tawo sa pag-adto ug maghugas didto sa Linaw sa Siloam - naghimo sa bisan unsa nga pagbati. Ang komon nga pagbati dili mahimong makapasabot sa usa ka indibiduwal nga motoo nga ang mga mata sa usa ka tawo nga natawo nga buta mahimong maablihan human sa pagbutang sa lapok sa iyang mga mata ug sa paghugas sa mga niini diha sa tubig. Dugang pa, kon kini nga tawo nakadungog sa sugo nga wala mahibalo kon kinsa si Hesus, siya ug ang kadaghanan sa mga katawohan dili lang makatoo dayon, apan usab mahimong dayag nga masuko. Apan, kana dili mao ang kaso uban niining tawhana. Ingon sa gimando ni Hesus, ang tawo nagtuman ug nanghunaw sa iyang mga mata diha sa Linaw sa Siloam. Sa katapusan ug sa hilabihan, ang iyang mga mata nga gitakpan sukad sa siya natawo, karon giablihan sa unang higayon ug ang tawo nagsugod nga makakita.

Kon sa imong hunahuna nga ang pulong sa Dios dili mouyon sa komon nga pagbati sa tawo o kasinatian, sulayi sa pagtuman sa Iyang Pulong uban ang usa ka mapainubsanon nga kasingkasing sama sa niini nga tawo nga natawo nga buta. Unya ang grasya sa Dios modangat diha kanimo ug, ingon nga ang mga mata sa buta naabli, ikaw usab makaangkon sa katingalahang mga kasinatian.

Ikaduha, ang kinaiyanhon nga espirituhanong mga mata sa buta nga tawo, nga makaila sa kamatuoran gikan sa kabakakan, nabuksan.

Gikan sa iyang panag-istoryahanay uban sa mga Hudeo human siya naayo, atong masulti nga samtang ang mga mata sa buta natakpan sa pisikal, sa kamaayo diha sa kasingkasing siya makaingon kon unsay matarung gikan sa sayop. Sa sukwahi, ang mga Hudeo mao ang mga buta sa espirituhanon, nga linibutan sa mga higpit nga utlanan sa balaod. Sa kaniadtong ang mga Hudeo nangutana sa mga detalye sa pagpa-ayo, ang tawo nga kaniadto buta walay kahadlok nga giproklamar, "Dihay tawo nga ginganlan si Hesus nga nagmasag lapok ug iyang gihidhid kini sa akong mga mata ug miingon kanako, 'Lakaw ngadto sa Siloe ug panghilam-os.' busa miadto ako ug nanghilam-os ug unya makakita na ako" (b.11).

Sa kawalay pagtoo, sa diha nga ang mga Hudeo misusi sa tawo nga kaniadto buta, "Unsa may imong ikasulti mahitungod Kaniya, kay gipabuka Kaniya ang imong mga mata?" Ang tawo mitubag, "Siya mao ang usa ka profeta" (b.17). Ang tawo naghunahuna nga kon si Hesus ang igo nga gamhanan sa pag-ayo sa pagkabuta, tingali Siya usa ka tawo sa Dios. Unya, ang mga Hudeo mibadlong sa tawo: "Ang Dios dalayega. Kami nahibalo nga kining tawhana usa ka makasasala" (b.24).

Unsang paagiha nga dili makatarunganon ang ilang pag-angkon? Dili motubag ang Dios sa pag-ampo sa usa ka makasasala. Ni Siya magahatag sa gahum sa usa ka makasasala sa pag-abli sa mata sa buta nga tawo ug sa pagdawat sa himaya. Bisan tuod ang mga Hudeo dili makatoo ni makasabut niini, ang tawo nga kaniadto buta nagpadayon sa paghimo sa maisug ug matinud-anon pagkumpisal: "Nahibalo kita nga ang Dios dili manimati sa mga makasasala; apan kon ang usa ka tawo masimbahon sa Dios ug nagatuman sa Iyang kabubut-on, ang Dios magapamati kaniya. Sukad sa sinugdanan sa kalibutan, wala pa gayud igdungog nga dihay nakapabuka sa mga mata sa usa ka tawong nahimugso nga buta. Kon kadtong tawhana dili pa gikan sa Dios, wala unta Siyay arang mahimo" (bb. 31-33).

Ingon nga walay mga mata sa buta sukad gibuksan gikan sa panahon sa paglalang, bisan kinsa nga nakadungog sa mga balita niining tawhana unta mangalipay ug misaulog uban kaniya. Hinonoa, taliwala sa mga Hudeo nagpalambo sa usa ka paghukom, sa pagkondena, ug pagsupak. Tungod kay ang mga Hudeo ignorante ra kaayo sa espirituhanon, naghunahuna sila nga ang buhat sa Dios mismo mao ang buhat sa pagsupak Kaniya. Ang Biblia nagsulti kanato, bisan pa niana, nga ang Dios lamang ang makaabli sa mga mata sa mga buta.

Ang Mga Salmo 146:8 nagpahinumdom kanato nga "Ang GINOO nagapabuka sa mga mata sa mga buta; Ang GINOO nagapabangon kanila nga nanghiumod; Ang GINOO nahigugma sa mga matarung." Samtang ang Isaias 29:18 nagsulti kanato, "Ug niadtong adlawa ang bungol makadungog sa mga pulong sa basahon, ug ang mga mata sa buta makakita gikan sa kadulum ug gikan sa kangitngitan." Ang Isaias 35:5 usab nagsulti kanato, "Unya ang mga mata sa mga buta mangabuka, ug ang mga igdulungog sa mga bungol makadungog." Dinhi, Ang niadtong adlawa" ug "Unya" nagpasabut sa panahon sa diha nga si Hesus mianha ug miabli sa mga mata sa buta.

Bisan pa niini nga mga tudling ug mga pahinumdom, sa ilang higpit nga utlanan ug pagkadautan, ang mga Hudeo dili makatoo sa buhat sa Dios nga gipadayag pinaagi kang Hesus, ug sa baylo misumbong nga si Hesus usa ka makasasala nga misupak sa pulong sa Dios. Bisan tuod ang tawo nga kaniadto buta wala nag-angkon sa usa ka dakung kahibalo sa balaod, sa iyang maayong kaisipan siya nasayud sa kamatuoran: nga ang Dios dili manimati sa mga makasasala. Ang tawo usab nahibalo nga sa pag-ayo sa buta nga mga mata posible lamang pinaagi sa Dios.

Ikatulo, human sa pagdawat sa grasya sa Dios, ang tawo nga kaniadto buta miadto sa atubangan sa Ginoo ug nakahukom sa paggiya sa usa ka bug-os nga bag-ong kinabuhi.

Hangtud niining adlawa, akong nasaksihan ang dili maihap nga mga higayon diin ang mga katawohan nga anaa sa pultahan sa kamatayon nakadawat sa kalig-on ug mga tubag sa tanan nga mga matang sa mga problema sa kinabuhi sa Manmin Central Church. Managbakho ako, bisan pa niana, alang sa mga katawohan kansang mga kasingkasing nausab bisan human sila makadawat sa grasya sa Dios ug sa uban nga mibiya sa ilang pagtoo ug nibalik ngadto sa mga paagi sa kalibutan. Sa diha nga ang ilang mga kinabuhi anaa sa kasakit ug pag-antus, ang maong mga katawohan mag-ampo nga naghilak, "Ako mabuhi lamang

"Ma,
makabuta kini og pag-ayo...
sa unang higayon,
ako makakita sa kahayag...
wala ko gayud naghunahuna
kini mahitabo kanako..."

Si Jennifer Rodriguez sa Pilipinas,
nga buta sukad sa pagkatawo,
nakakita sa unang higayon sa walo ka tuig

alang sa Ginoo sa higayon nga ako maayo." Sa diha nga sila makadawat sa pagka-ayo ug mga panalangin, sa pagpangagpas sa ilang kaugalingong mga benepisyo kining mga katawohan mobiya sa grasya ug mahisalaag gikan sa kamatuoran. Bisan kon tingali nasulbad kanila ang ilang pisikal nga mga problema, kini walay pulos tungod kay ang ilang mga espiritu mibiya gikan sa dalan sa kaluwasan ug nagpadulong sa dalan ngadto sa impiyerno.

Kini nga tawo nga natawo nga buta may usa ka maayong kasingkasing nga dili mobiya sa grasya. Mao kana nganong sa dihang iyang nahimamat si Hesus, siya wala lamang naayo sa pagkabuta, apan gipasalig usab sa panalangin sa kaluwasan. Sa diha nga si Hesus nangutana kaniya, "Nagatoo ba ka sa Anak sa Tawo?" ang tawo mitubag, "Kinsa siya, Ginoo, aron ako mosalig Kaniya" (bb. 35-36). Sa diha nga si Hesus mitubag, "Imo parehong nakita Siya, ug Siya mao ang usa nga nakigsulti kanimo," ang tawo mitug-an, "Ginoo, mosalig ako," (bb. 37-38). Ang tawo wala lamang "motoo"; siya midawat kang Hesus ingon nga si Kristo. Ang lig-on nga pagkompisal sa tawo kon diin siya determinado nga nagsunod lamang sa Ginoo ug sa pagkabuhi alang lamang sa Ginoo.

Gusto sa Dios nga kitang tanan moadto sa atubangan Kaniya uban sa niini nga matang sa kasingkasing. Gusto Kaniya nga kita magpangita Kaniya dili lamang tungod kay Siya naga-ayo sa atong mga balatian ug mopanalangin kanato. Siya nangandoy alang kanato sa pagsabot sa Iyang tinuod nga gugma nga walay pagpugong nga mihatag sa Iyang bugtong Anak alang kanato ug

*"Ang akong kasingkasing nagdala kanako
ngadto sa dapit nga ...*

Ako nangandoy lang alang sa grasya ...

*Naghatag kanako ang Dios sa usa ka daku nga
gasa.
Unsay naghimo kanako nga mas malipayon
kay sa pagkakita
mao ang kamatuoran
nga akong nahimamat ang buhi nga Dios!"*

Si Maria sa Honduras,
nga nawad-an og panan-aw sa iyang tuo nga mata sa dihang siya duha ka
tuig ang panuigon,
nakakita human sa pagdawat sa pag-ampo
gikan kang Dr. Jaerock Lee

makadawat kang Hesus ingon nga atong Manluluwas. Dugang pa, kita kinahanglan nga higugmaon Siya dili lamang pinaagi sa atong mga ngabil apan usab sa atong mga lihok sa pulong sa Dios. Siya misulti kanato sa 1 Juan 5:3, "Kay ang paghigugma alang sa Dios mao kini, nga pagabantayan ta ang iyang mga sugo ug ang Iyang mga sugo dili mabug-at." Kon kita tinuod nga nahigugma sa Dios, kita kinahanglan gayud nga isalikway ang tanang butang nga dautan sa sulod kanato, ug sa paglakaw diha sa kahayag sa adlaw-adlaw.

Sa diha nga kita mangayo sa Dios alang sa bisan unsa nga butang uban sa niini nga matang sa pagtoo ug sa gugma, sa unsa nga paagi nga Siya dili motubag kanato? Sa Mateo 7:11, sumala sa gisaad kanato ni Hesus, "Busa, kon kamo, bisan sa inyong pagkadautan, mahibalo man ganing mohatag ug mga maayong gasa ngadto sa inyong mga anak, unsa pa gayud ka labaw pa sa inyong Amahan nga anaa sa langit nga mohatag ug mga maayong butang ngadto sa mga nagapangayo Kaniya!" pagtoo nga ang atong Amahan nga Dios motubag sa pag-ampo sa Iyang mga anak nga pinalangga.

Busa, dili kini igsapayan kon unsa nga matang sa sakit o problema kamo may naa sa pag-adto sa atubangan sa Dios. Uban sa pagkompisal, "Ginoo, mosalig ako!" nga migawas gikan sa sentro sa imong kasingkasing, sa diha nga ipakita kanimo ang mga buhat sa imong pagtoo, ang Ginoo nga nag-ayo sa usa ka tawo nga natawo nga buta ayohon ang tanan nga mga matang sa mga sakit, himuon ang imposible ngadto sa posible, ug magsulbad sa inyong tanan nga mga problema sa kinabuhi.

"Ang mga doktor miingon kanako nga ako sa dili madugay mahimo nga buta ... ang mga butang misugod sa pagkapus-aw...

Salamat, Ginoo, sa paghatag kanako sa kahayag ...

Ako naghulat alang Kanimo ..."

Rev. Ricardo Morales sa Honduras, nga hapit nahimong buta human sa usa ka aksidente apan nakakita

Ang Buhat sa Pag-abli sa mga Mata sa Buta sa Manmin Central Church

Sukad sa pagkatukod kaniadtong 1982, ang Manmin sa hilabihan gayud naghimaya sa Dios pinaagi sa buhat sa pag-abli sa mga mata sa dili maihap nga mga indibiduwal nga kaniadto buta. Daghang mga tawo nga kaniadto buta sukad pa sa pagkahimugso nakadawat sa igtatan-aw human sa pag-ampo. Ang panan-aw sa daghang uban kansang mga mata nadaot ug nagsalig sa antipara o mga contact lens gipahiuli. Lakip sa daghan, daghan nga mga kahibulongan nga mga pagpamatuod, ang mosunod mao ang mga pipila ka mga panag-ingnan.

Sa diha nga gipahigayon ko ang usa ka Dakung Paghiusa sa Honduras kaniadtong Hulyo 2002, may usa ka napulo ug duha ka anyos nga batang babaye nga ginganlan si Maria nga nawadan sa panan-aw sa iyang tuo nga mata human sa usa ka grabe nga hilanat sa edad nga duha katuig. Ang iyang mga ginikanan naghimo sa lainlaing matang sa mga pagsulay aron sa pagpasiguli sa iyang panan-aw. Bisan ang cornea transplant nga nadawat ni Maria walay pulos. Atol sa mosunod nga dekada human sa kapakyasan sa transplant, si Maria dili gani bisan makakita sa kahayag diha sa iyang tuo nga mata.

Unya kaniadtong 2002, sa tim-os nga tinguha alang sa grasya sa Dios, si Maria mitambong sa krusada kon diin siya nakadawat sa akong pag-ampo, misugod sa pagkakita sa kahayag, ug sa wala madugay gipahiuli ang iyang panan-aw. Ang mga ugat sa iyang tuo nga mata nga bug-os nga napakyas ug namatay ang gibuhat og usab pinaagi sa gahum sa Dios. Unsa katalagsaon kini? Usa ka dili masukod nga gidaghanon sa mga katawohan sa Honduras ang misaulog ug miingon, "Ang Dios tinuod gayud nga buhi ug nagtrabaho bisan karon!"

Si Pastor Ricardo Morales nahimong halos buta apan naayo sa hingpit pinaagi sa matam-is nga tubig sa Muan. Pito ka tuig sa wala pa ang Honduras nga Krusada, si Pastor Ricardo naaksidente sa trapiko sa diin ang iyang retina kritikal nga naguba ug nag-antus gikan sa grabe nga pagdugo. Ang mga doktor misulti kang Pastor Ricardo nga siya hinay-hinay nga mawad-an sa iyang panan-aw ug sa katapusan mahimo nga buta. Apan, siya naayo sa unang adlaw sa 2002 nga Konperensya alang sa mga Lider sa Iglesia sa Honduras. Human sa pagpaminaw sa pulong sa Dios, sa pagtoo si Pastor Ricardo nagbutang sa matam-is nga tubig sa Muan sa iyang mga mata ug sa iyang dakung katingala, ang mga butang nahimong mas tin-aw sa usa lang ka minuto. Sa una, tungod kay wala kaniya gilauman ang sama niini, si Pastor Ricardo dili makatoo niini. Anang gabii, sa pagsul-ot sa iyang antipara, si Pastor Ricardo mitambong sa unang sesyon sa krusada. Unya, sa kalit, ang lente sa iyang antipara nahulog ug siya nakadungog sa tingog sa Espiritu Santo: "Kon dili ka motangtang sa imong antipara sa karon, ikaw mabuta." Si Pastor Ricardo unya mikuha sa iyang antipara ug nakaamgo nga siya makakita sa tanang butang nga tin-aw. Ang iyang panan-aw gipahiuli, ug si Pastor Ricardo sa hilabihan gayud naghimaya sa Dios.

Didto sa Nairobi Manmin Church sa Kenya, ang usa ka batan-ong lalaki nga ginganlan si Kombo sa makausa miduaw sa iyang lungsod nga natawhan, kon diin mga 400 ka kilometro (mga 250 ka milya) gikan sa iglesia. Atol sa pagbisita, iyang gipasangyaw ang ebanghelyo ngadto sa iyang pamilya ug misulti kanila sa katingalahang buhat sa gahum sa Dios nga nahitabo sa Manmin Central Church sa Seoul. Siya nag-ampo alang kanila uban sa panyo kon diin akong giampoan. Si Kombo usab nagpresentar sa iyang pamilya sa usa ka kalendaryo nga gipatik sa iglesia.

Human sa pagkadungog sa iyang apohan nga babaye sa pagsangyaw sa ebanghelyo, ang apohan ni Kombo, nga kaniadto buta, naghunahuna sa iyang kaugalingon sa kinasingkasing nga tinguha, 'Gusto kong motan-aw sa litrato ni Dr. Jaerock Lee, usab,' samtang siya naggunit sa kalendaryo sa iyang duha ka mga kamot. Unsa ang misunod mao ang tinuod nga milagro. Sa diha nga giablihan sa apohan ni Kombo ang kalendaryo, ang iyang mga mata naabli ug siya nakakita sa litrato. Hallelujah! Ang pamilya nga Kombo nakasinati sa buhat sa gahum nga nakapabuka sa mga mata sa buta ug nahimong makatoo sa buhi nga Dios. Dugang pa, sa diha nga ang mga balita sa niini nga hitabo mikaylap sa tibuok balangay, ang mga katawohan mihangyo alang sa usa ka sanga nga iglesia nga itukod diha sa ilang balangay.

Pinaagi sa dili maihap nga mga buhat sa gahum sa tibuok kalibutan, aduna na karon sa liboan ka mga Manmin nga sanga nga iglesia sa tibuok kalibutan, ug ang ebanghelyo sa pagkabalaan ginawali ngadto sa kinatumyan sa yuta. Sa diha nga ikaw moila ug mosalig sa buhat sa gahum sa Dios, ikaw mahimo usab nga usa ka manunudod sa Iyang mga panalangin.

Ingon nga kini mao ang kahimtang sa panahon ni Hesus, sa baylo sa pagmaya ug pagdayeg sa Dios sa tingub, daghang mga katawohan karon naghukom, nagkondena, ug mosulti batok sa buhat sa Espiritu Santo. Kita kinahanglan gayud nga makaamgo nga kini mao ang usa ka makahaladlok nga sala, ingon nga patod nga gisulti kanato ni Hesus diha sa Mateo 12:31-32: "Busa, sultihan Ko kamo, nga ang mga katawohan pagapasayloon sa ilang tanang pagpakasala ug pagpasipala, apan ang pasipala batok sa Espiritu dili gayud pasayloon. Ug bisan kinsa nga magasultig batok sa Anak sa Tawo, siya mapasaylo; apan bisan kinsa nga magasultig batok sa Espiritu Santo dili gayud siya pasayloon, bisan niining panahona karon o niadtong kapanahonan nga palaabuton."

Aron dili makasupak sa buhat sa Espiritu Santo, apan sa baylo makasinati sa katingalahang buhat sa gahum sa Dios, kita kinahanglan gayud nga ilhon ug mangandoy sa Iyang buhat, sama sa tawo nga buta sa Juan 9. Sumala sa kon unsa kadaghan sa mga katawohan nga giandam ang ilang mga kaugalingon ingon nga mga sudlanan aron makadawat sa mga tubag pinaagi sa pagtoo, ang uban makasinati sa buhat sa gahum sa Dios, samtang ang uban dili.

Sama sa gisulti kanato sa Mga Salmo 18:25-26, "Sa mga maloloy-on magapakita Ikaw nga maloloy-on; uban sa tawong hingpit, magapakita Ikaw nga hingpit; uban sa maputli magapakita Ikaw nga maputl,; ug uban sa hiwi, magapakita Ikaw nga sukwahi," unta ang matag usa kaninyo, pinaagi sa pagsalig sa Dios nga magabalus kanato sumala sa kon unsa ang atong gibuhat ug pagpasundayag sa atong mga buhat sa pagtoo, mahimong usa ka manununod sa Iyang mga panalangin, sa ngalan sa atong Ginoong Hesukristo nag-ampo ako!

Mensahe 7
Ang mga Katawohan Magatindog, Magalukso, ug Magalakaw

Marcos 2:3-12

*Ug didtoy nangabut, nga nanagdala kaniyag usa ka paralitico,
nga giyayongan sa upat ka tawo.
Ug kay dili man sila makaduol Kaniya tungod sa panon sa mga tawo,
ilang gibuslotan ang atop sa ibabaw Kaniya;
ug sa nakahimo na silag lungag,
ilang gitonton ang higdaanan diin diha ang paralitico.
Ug sa pagkakita ni Hesus sa ilang pagtoo,
Siya miingon sa paralitico,
'Anak, ang imong mga sala gipasaylo na.'
Ug dihay pipila sa mga eskriba nga nanaglingkod,
ug diha sa ilang mga kasingkasing
nangutana sila nga nanag-ingon,
'Nganong nagasulti man kining tawhana sa ingon?
Usa kini ka pasipala! Kay kinsa bay
makapasaylog mga sala kondili ang Dios ra?'
Ug dihadiha sa nasabut ni Hesus diha sa Iyang espriritu nga sa ingon
nangutana sila sa ilang kaugalingon,
siya miingon kanila, 'Nganong nangutana man kamo sa ingon sa
sulod sa inyong mga kasingkasing?
Kay hain bay labi pang masayon, ang pag-ingon ba ngadto sa
paralitiko, "Ang imong mga sala gipasaylo na'; o ang pag-ingon ba,
'Bangon, dad-a ang imong higdaanan ug paglakaw"?
Apan aron mahibalo kamo nga ang Anak sa Tawo may kagahum diay
dinhi sa yuta sa pagpasaylog mga sala'
'Ako magaingon kanimo, bangon,
dad-a ang imong higdaanan ug pumauli ka.'
Ug siya mibangon, ug dihadiha gisakwat niya ang iyang higdaanan
ug mipahawa siya sa atubangan nilang tanan paingon sa gawas, nga
tungod niini nahibulong silang tanan ug nayagdaneg sa Dios, ug
nanag-ingon,
'Wala pa kitay nakita nga ingon niini!'"*

Ang Biblia nagsulti kanato nga sa panahon ni Hesus, daghan nga paralitiko o mga pungkol nakadawat sa bug-os nga pag-ayo ug naghimaya og maayo sa Dios. Ingon sa gisaad sa Dios kanato diha sa Isaias 35:6, "Unya ang tawo nga piang molukso sama sa lagsaw, ug ang dila sa amang magaawit," ug pag-usab sa Isaias 49:8, "Sa panahon nga kahimut-an Ako nagtubag Kanimo ug sa adlaw sa kaluwasan Ako nagtabang Kanimo; ug Akong bantayan Ikaw, ug Akong ihatag Ikaw nga usa ka tugon sa katawohan, aron sa pagtubo sa yuta, sa paghimo kanila nga magapanunod sa biniyaan nga mga kabilin" ang Dios dili lamang motubag kanato apan usab modala kanato ngadto sa kaluwasan.

Kini walay hunong nga gipamatud-an karon sa Manmin Central Church, diin pinaagi sa buhat sa katingalahang gahum sa Dios ang dili maihap nga mga mga nagsugod sa paglakaw, nanindog gikan sa mga wheelchair ug nangitsa sa ilang mga sungkod.

Sa unsa nga matang sa pagtoo ang gipakita sa paralitiko sa Marcos 2 sa pag-adto sa atubangan ni Hesus ug nakadawat sa kaluwasan ug sa mga panalangin sa mga tubag? Nag-ampo ko nga ang kadtong kaninyo nga karon wala makahimo sa paglakaw tungod sa pipila ka mga sakit, pagtindog, paglakaw, ug pagdagan pag-usab.

Ang Paralitiko Nakadungog sa Balita mahitungod kang Hesus

Sa Marcos 2 mao ang usa ka detalyado nga pag-asoy sa usa ka paralitiko nga nakadawat og pagka-ayo gikan kang Hesus sa dihang Siya mibisita sa Capernaum. Nianang lungsora naay nagpuyo nga usa ka kabus kaayo nga paralitiko nga dili na makalingkod sa iyang kaugalingon nga walay tabang sa uban, ug nabuhi lamang tungod kay siya dili mamatay. Apan, siya nakadungog sa balita mahitungod kang Hesus nga nagpabuka sa mga mata sa buta, ang mga kimay napatindog, giabug ang mga dautang espiritu, ug giayo ang mga katawohan sa nagkalain-laing matang sa mga sakit. Kay ang tawo nga may usa ka maayong kasingkasing, sa diha nga siya nakadungog sa mga balita mahitungod kang Hesus, nakahinumdum siya sa mga niini ug nahimong magtinguha sa pag-ila kang Hesus.

Usa ka adlaw, ang paralitiko sa pagkadungog nga si Hesus nahiabut sa Capernaum. Sa unsang paagi kaha siya naghinam-hinam ug malipayon sa pagpaabut sa pagkatagbo kang Hesus? Apan, ang paralitiko, dili makalihok sa iyang kaugalingon, ug busa nangita sa mga higala nga mahimong dad-on siya ngadto kang Hesus. Suwerte, tungod kay ang iyang mga higala nahibalo sab maayo kang Hesus, miuyon sila sa pagtabang sa ilang higala.

Ang paralitiko ug ang Iyang mga Higala Mianha sa atubangan ni Hesus

Ang paralitiko ug ang iyang mga higala miabot sa balay kon diin si Hesus nagwali, apan tungod kay naay usa ka dakung panon sa katawohan didto, sila dili makakaplag sa bisan unsa nga lawak duol sa pultahan, mas samot pa sa pagsulod sa balay. Ang mga kahimtang wala motugot sa paralitiko ug sa iyang mga higala sa pag-adto sa atubangan ni Hesus. Tingali sila mihangyo sa mga panon sa katawohan, "Palihug paghatag og lugar! Naa mi'y usa ka kritikal nga masakiton nga pasyente!" Bisan pa niana, ang balay ug ang palibot napuno sa mga katawohan. Kon ang paralitiko ug iyang mga higala nagkulang sa pagtoo, sila unta namauli nga wala matagbo si Hesus.

Apan, sila wala mohunong apan sa baylo nagpakita sa ilang pagtoo. Human sa pagpamalandong kon sa unsang paagi sila makahimo sa pagtagbo kang Hesus, ingon nga katapusan nga remedyo ang mga higala sa paralitiko nagsugod sa paghimo sa usa ka lungag diha sa atop sa ibabaw ni Hesus ug nagbuslot lahos niini. Bisan kon sila mangayog pasaylo sa tag-iya sa balay ug sa pagbayad kaniya sa pagguba sa ulahi nga panahon, ang paralitiko ug sa iyang mga higala mao ka desperado sa pagtagbo kang Hesus ug makadawat sa pagka-ayo.

Ang pagtoo inubanan sa buhat, ug ang mga buhat sa pagtoo mahimo lang mapakita sa diha nga ipaubos kanimo ang imong kaugalingon kauban ang mapainubsanon nga kasingkasing. Naghunahuna ka ba o miingon sa imong kaugalingon, "Bisan gusto kanako, ang akong pisikal nga kahimtang dili motugot kanako nga makasimba?" Kon ang paralitiko mikompisal sa usa ka gatus ka pilo, "Ginoo, nagatoo ako nga ikaw nasayud nga dili ko makahimo sa pagtagbo Kanimo tungod kay ako paralisado. Ako usab nagtoo nga ikaw magaayo kanako bisan ako naghigda sa akong higdaanan," siya dili unta maingon nga mipakita sa iyang pagtoo.

Bisan unsa kini ang mahitabo kaniya, ang paralitiko miadto sa atubangan ni Hesus aron makadawat sa pagka-ayo. Ang paralitiko mitoo ug kombinsido nga siya mamaayo sa diha nga iyang nahimamat si Hesus, ug siya mihangyo sa iyang mga higala sa pag-alsa kaniya sa atubangan ni Hesus. Dugang pa, tungod kay ang ilang mga higala usab naay pagtoo, sila mahimo nga mag-alagad sa ilang paralitiko nga higala bisan pinaagi sa paghimog usa ka lungag, ug sa pagbuslot lahos sa atop sa usa ka dili kaila nga tawo.

Kon ikaw tinuod nga nagtoo nga ikaw mamaayo sa atubangan sa Dios, ang pag-adto sa Iyang atubangan mao ang usa ka ebidensya sa imong pagtoo. Mao kana ngano nga human sila mibuslot lahos sa atop, ang mga higala sa paralitiko mipanaog sa banig nga gihigdaan sa paralitiko ug gipresentar siya sa atubangang ni Hesus. Nianang panahona, sa matag kilid sa balay nga naghatag og sayon nga sak-anan para sa mga tawo padulong sa atop. Dugang pa, ang mga tiles sa atop dali ra tangtangon. Kini nga mga puy-anan mitugot sa paralitiko nga makaadto sa atubangan ni Hesus nga mas duol pa kay sa bisan kang kinsa.

Kita Makadawat og mga Tubag Human Kanatong Masulbad ang Problema sa Sala

Sa Marcos 2:5, atong makita nga si Hesus dayag nga nalipay sa mga buhat sa pagtoo sa paralitiko. Sa wala pa Kaniya giayo ang paralitiko nga tawo, nganong giingnan man siya ni Hesus nga, "Anak, ang imong mga sala gipasaylo"? Kini tungod kay ang kapasayloan sa mga sala kinahanglan mag-una kaysa pag-ayo.

Sa Exodo 15:26, nagsulti ang Dios kanato, "Kon magpatalinghug ka sa masingkamuton gayud sa tingog sa GINOO nga imong Dios, ug magabuhat ka niadtong matarung sa Iyang mga mata, ug magapatalinghug sa Iyang mga sugo, ug magabantay sa tanan Kaniya nga mga tulomanon, walay bisan unsang sakita sa mga gipadala Ko sa mga Egiptohanon nga igapadala ko kanimo; kay Ako nga imong GINOO ang magaayo kanimo." Dinhi, "ang sakita sa mga gipadala Ko sa mga Egiptohanon" nagtumong sa matag sakit nga nahibaloan sa tawo. Busa, sa diha nga kita mosunod sa Iyang mga sugo ug mabuhi pinaagi sa Iyang Pulong, ang Dios manalipod kanato aron nga walay sakit ang makadapat diha kanato. Dugang pa, sa Deuteronomio 28, nagsaad kanato ang Dios nga kutob nga kita mosunod ug mabuhi pinaagi sa Iyang Pulong, walay sakit nga makasulod sa atong mga lawas. Sa Juan 5, human sa pag-ayo sa usa ka tawo nga nagmasakiton sulod sa katloan ug walo ka tuig, si Hesus miingon kaniya, "Ayaw na pagpakasala aron dili mahitabo kanimo ang labi pang mangil-ad" (b.14).

Kay ang tanan nga mga sakit nagsumikad gikan sa sala, sa wala pa Kaniya giayo ang paralitiko si Hesus una naghatag kaniya sa pagpasaylo. Ang pag-adto sa atubangan ni Hesus, bisan pa niana, dili sa kanunay moresulta sa kapasayloan. Aron sa pagdawat sa pagka-ayo, kita kinahanglan una nga maghinulsol sa atong mga sala ug motalikod gikan sa mga niini. Kon ikaw usa ka makasasala, kamo kinahanglan gayud nga mahimong usa ka tawo nga dili na magpakasala; kon ikaw usa ka bakakon, ikaw kinahanglan gayud nga mahimong usa nga dili na bakakon; ug kon gidumtan kanimo ang uban, ikaw kinahanglan nga dili na magdumot. Ang kato lang nga motuman sa pulong ang Dios maghatag sa kapasayloan. Dugang pa, ang pagkompisal nga "Ako nagtoo" dili magahatag kaninyo sa kapasayloan; sa diha nga mogula kita ngadto sa kahayag, ang dugo sa atong Ginoo natural nga maghinlo kanato gikan sa tanan natong mga sala (1 Juan 1: 7).

Ang Paralitiko Naglakaw pinaagi sa Gahum sa Dios

Sa Marcos 2, atong makita nga human sa pagdawat sa kapasayloan, ang tawo nga paralitiko mitindog, gikuha niya ang iyang higdaanan ug milakaw sa bug-os nga panglantaw sa tanan nga mga tawo didto. Sa diha nga siya miduol kang Hesus, siya naghigda sa banig. Ang tawo naayo, nan, sa higayon nga si Hesus miingon kaniya, "Anak, ang imong mga sala gipasaylo" (b.5). Hinonoa nga magmaya sa pagka-ayo, bisan pa niana, ang mga eskriba nagsako sa pag-away. Sa diha nga si Hesus miingon sa tawo, "Anak, ang imong mga sala gipasaylo," sila naghunahuna sa ilang mga kaugalingon, "Nganong nagasulti man kining tawhana sa ingon? Usa kini ka pasipala! Kay kinsa bay makapasaylog mga sala kondili ang dios ra?" (b.7)

Unya si Hesus miingon kanila, "Nganong nangutana man kamo sa ingon sa sulod sa inyong mga kasingkasing? Kay hain bay labi pang masayon, ang pag-ingon ba ngadto sa paralitico, 'Ang imong mga sala gipasaylo na,' o ang pag-ingon ba, 'Bangon, dad-a ang imong higdaanan ug paglakaw'? Apan aron mahibalo kamo nga ang Anak sa Tawo may kagahum diay dinhi sa yuta sa pagpasaylog mga sala" (bb. 8-10). Human sa pagpahayag kanila sa probidensya sa Dios, sa diha nga si Hesus miingon sa paralitiko, "Ako magaingon kanimo, bangon, dad-a ang imong higdaanan ug pumauli ka" (b.11) ang tawo dayon mitindog ug milakaw. Sa laing mga pulong, alang sa tawo nga paralisado nga nakadawat sa pagka-ayo nagpakita nga siya nakadawat sa kapasayloan, ug ang Dios naggarantiya sa matag pulong nga gisulti ni Hesus. Kini mao usab ang ebidensiya nga ang makagagahum nga Dios naggarantiya kang Hesus ingon nga Manluluwas sa katawohan.

Mga Higayon sa Pagtindog, Paglukso, ug Paglakaw

Sa Juan 14:11, nag-ingon kanato nga si Hesus, "Toohi Ako ninyo nga Ako anaa sa Amahan ug nga ang Amahan ania Kanako; o, kon dili man, toohi, Ako ninyo tungod sa mismong mga buhat." Busa, kita kinahanglan magtoo nga ang Dios nga Amahan ug si Hesus mao ang usa og hisama pinaagi sa pagsaksi nga ang paralitiko nga miadto sa atubangan ni Hesus diha sa pagtoo gipasaylo, mitindog, milukso ug milakaw sa pagmando ni Hesus.

Sa mosunod nga Juan 14:12, usab nagsulti kanato si Hesus, "Sa pagkatinuod, sa pagkatinuod, magaingon Ako kaninyo, nga ang mosalig Kanako magahimo usab sa mga buhat nga Akong ginabuhat; ug labi pa gani ka dagkung mga buhat kay niini ang iyang pagabuhaton, kay moadto man Ako sa Amahan." Kay tungod ako nagtoo sa pulong sa Dios usa ka gatus ka porsyento, human ako gitawag isip usa ka sulugoon sa Dios ako nagpuasa ug nag-ampo sa daghan kaaayong mga adlaw aron madawat ang Iyang gahum. Busa, ang mga pagpamatuod sa mga pagpang-ayo sa mga sakit nga dili madumala sa modernong medikal nga siyensiya ang nag-awas sa Manmin sukad sa iyang pagkatukod.

Sa matag higayon nga ang iglesia sa kinatibuk-an makalampos sa mga pagsulay sa mga panalangin, ang gikusgon sa mga pasyente sa pagdawat sa pagka-ayo nagkadali samtang mas daghang kritikal nga mga sakit ang nangaayo. Pinaagi sa tinuig nga Duha-ka-semana nga Espesyal nga Pagkahiuli nga Panagtagbo nga gipahigayon gikan sa 1993 ngadto sa 2004 ug sa tibuok kalibutan nga Dakung Panaghiusa nga mga Krusada, usa ka dakung gidaghanon sa mga katawohan sa tibuok kalibutan ang nakasinati sa kahibulongan nga gahum sa Dios.

Lakip sa dili maihap nga mga higayon diin ang mga katawohan nanindog, nanglukso, ug nanglakaw, diay pipila ka mga panig-ingnan.

Nagtindog Human sa Siyam ka Tuig sa Wheelchair

Ang unang pagpamatuod mao ang kang Dekono Yoonsup Kim. Kaniadtong 1990, siya nahulog gikan sa gitas-on nga mga lima ka-panalgan nga bilding samtang nagbuhat og elektrikal nga trabaho sa Taedok Science Town sa South Korea. Kini nahitabo sa wala pa si Kim nagtoo sa Dios.

Diha-diha dayon human sa pagkahulog, siya gidala ngadto sa Hospital sa Sun Yoosung, Probinsya sa Choongnam, diin siya na-coma alang sa unom ka bulan. Human sa pagmata gikan sa coma, apan, ang kasakit sa pagpit-os ug ang pagbusgak sa ikanapulo ug usa ug sa ikanapulo ug duha nga thoracic nga dugokan ug hernia sa ikaupat ug ikalima nga lumbar nga dugokan dili maagwanta ang kasakit. Ang mga doktor sa ospital nagpahibalo kang Kim nga ang iyang kahimtang mao ang kritikal. Siya gipasulod sa ubang mga ospital sa daghang higayon. Apan, walay bisan unsa nga kausaban o pag-uswag diha sa iyang kahimtang, si Kim nakaplagan nga anaa sa unang ang-ang sa pagkabaldado. Sa palibot sa iyang hawak, si Kim kinahanglan nga magsul-ob sa usa ka brace sa iyang dugokan sa tanang panahon. Dugang pa, tungod kay siya dili makahigda siya matulog samtang siya naglingkod.

Atol niining malisud nga panahon, si Kim napasangyawan sa Maayong Balita ug miadto sa Manmin, diin siya nagsugod sa usa ka kinabuhi diha kang Kristo. Sa diha nga siya mitambong sa Espesyal nga Panagtagbo alang sa Balaanong Pagpaayo kaniadtong Nobyembre 1998, si Kim may usa ka dili katuohan

"Ang akong gipatikig nga mga batiis ug hawak ... pagpatikig sa akong kasingkasing ...

Ako dili makahigda, Dili ako makalakaw ... sa kang kinsa ako makasalig?

Kinsa ang modawat kanako? Sa unsa nga paagi ako mabuhi?"

Si Dekono Kim Yoonsup
diha sa iyang brace sa likod ug wheelchair Deacon

Si Dekono Kim nagakalipay uban sa mga miyembro sa Manmin human sa pagdawat sa pagka-ayo pinaagi sa pag-ampo ni Dr. Jaerock Lee nga kasinatian. Sa wala pa ang panagtagbo, siya dili makahigda sa iyang likod o sa paggamit sa kasilyas sa iyang kaugalingon. Human sa pagdawat sa akong pag-ampo, siya makatindog gikan sa iyang wheelchair ug makalakaw gamit ang mga sungkod.

Aron makadawat sa bug-os nga pagka-ayo, si Dekono Kim matinud-anon nga mitambong sa tanang serbisyo sa pagsimba ug mga panagtagbo ug wala gayud mohunong sa pag-ampo. Dugang pa, sa tim-os nga tinguha ug sa pag-andam alang sa Ikapito nga Duha ka-semana nga Espesyal nga Panagtagbo kaniadtong Mayo 1999, siya nagpuasa sulod sa kaluhaan ug usa ka adlaw. Sa diha nga ako nag-ampo alang sa mga masakiton gikan sa pulpito sa unang sesyon sa Panagtagbo, si Dekono Kim mibati og usa ka baskug nga silaw sa kahayag nga nagdan-ag diha kaniya ug nakakita sa usa ka panan-awon diin siya nagdagan. Sa ikaduhang semana sa Panagtagbo, sa diha nga gipandong kanako ang akong mga kamot ug nag-ampo alang kaniya, siya mibati nga ang iyang lawas migaan. Sa diha nga ang kalayo sa Espiritu Santo mikunsad sa iyang mga tiil, ang kusog nga wala mahibaloi ngadto kaniya gihatag. Siya mahimong makalabay sa iyang suporta sa dugokan nga brace ug mga sungkod, naglakaw nga walay bisan unsa nga kalisud, ug libre nga makalihok sa iyang hawak.

Pinaagi sa gahum sa Dios, si Dekono Kim nakalakaw sama sa usa ka ordinaryo nga tawo. Siya pa gani nagasakay sa iyang bisikleta ug makugihong nag-alagad sa iglesia. Dugang pa, dili pa lang dugay si Dekono Kim nagminyo ug karon nagdala sa usa ka tinuod nga malipayon nga kinabuhi.

Pagtindog gikan sa Wheelchair human sa Pagdawat sa Panyo nga Pag-ampo

Sa Manmin, ang katingalahang mga hitabo nga gitala diha sa Biblia ug sa talagsaon nga mga milagro ang nahitabo; pinaagi sa mga niini ang Dios pagahimayaon og mas daku pa. Lakip sa maong mga panghitabo ug mga milagro mao ang pagpakita sa gahum sa Dios pinaagi sa mga panyo.

Sa Mga Buhat 19:11-12, atong makita nga "ang Dios naghimog dagkung mga milagro pinaagi sa mga kamot ni Pablo, nga tungod niana ang mga masakiton gipanagdad-an ug mga panyo o mga tapis nga nahidapat sa lawas ni Pablo, ug sila nangaayo sa ilang mga sakit ug namahawa kanila ang mga espiritu nga dautan." Sama niini, sa diha nga ang mga katawohan magkuha sa mga panyo nga akong giampoan o bisan unsa nga mga butang sa akong lawas ngadto sa mga masakiton, mga katingalahang buhat sa pagpang-ayo ang gipadayag. Ingon sa usa ka resulta, daghan nga mga nasud ug mga katawohan sa tibuok kalibutan mihangyo kanamo sa pagpahigayon og panyo nga mga krusada sa ilang kaugalingon nga mga rehiyon. Dugang pa, ang dili maihap nga mga katawohan sa mga nasud sa Aprika, Pakistan, Indonesia, Pilipinas, Honduras, Japan, China, Russia, ug sa daghang uban pa nakasinati sa "talagsaong mga milagro" sab.

Kaniadtong Abril 2001, usa sa mga pastor sa Manmin nagpahigayon sa usa ka panyo nga krusada sa Indonesia, diin ang dili maihap nga mga katawohan ang nakadawat sa pagka-ayo ug mihatag og himaya ngadto sa Dios nga buhi. Lakip kanila mao ang sa una usa ka gobernador, nga nagsalig na lang sa wheelchair. Sa diha nga siya naayo pinaagi sa pag-ampo sa panyo, kini sa wala madugay nahimo nga usa ka daku nga istorya sa balita.

Kaniadtong Mayo 2003, ang usa pa ka pastor sa Manmin nagpahigayon sa usa ka panyo nga krusada sa China kon diin, taliwala sa daghang mga higayon sa pagka-ayo, ang usa ka tawo nga nagsalig sa mga sungkod alang sa katloan ug upat ka tuig nakalakaw sa iyang kaugalingon.

Si Ganesh Naglabay sa Iyang mga Sungkod sa 2002 nga Piyesta sa Milagro nga Pag-ayo nga Pag-ampo sa India

Didto sa 2002 nga Piyesta sa Milagro nga Pag-ayo nga Pag-ampo sa India, nga gipahigayon sa Marina Beach sa Chennai sa kasagaran mga Hindu-India, labaw sa tulo ka milyon ka mga katawohan ang nagtigom, nakasaksi mismo sa tinuod nga kahibulongan nga buhat sa gahum sa Dios, ug daghan kanila ang nakabig sa Kristiyanidad. Sa wala pa kining krusada, ang kapaspas sa pagkaayo sa gipatikig nga mga bukog aron mahimong mahumok ug sa mga patay nga ugat aron mahiuli mihinay ang pag-uswag. Sugod sa India nga Krusada, ang buhat sa pagka-ayo gihagit ang kahikayan sa lawas sa tawo.

Lakip sa mga nakadawat sa pagka-ayo mao ang usa ka napulo ug unom-ka-tuig nga bata nga lalaki nga si Ganesh. Siya nahulog

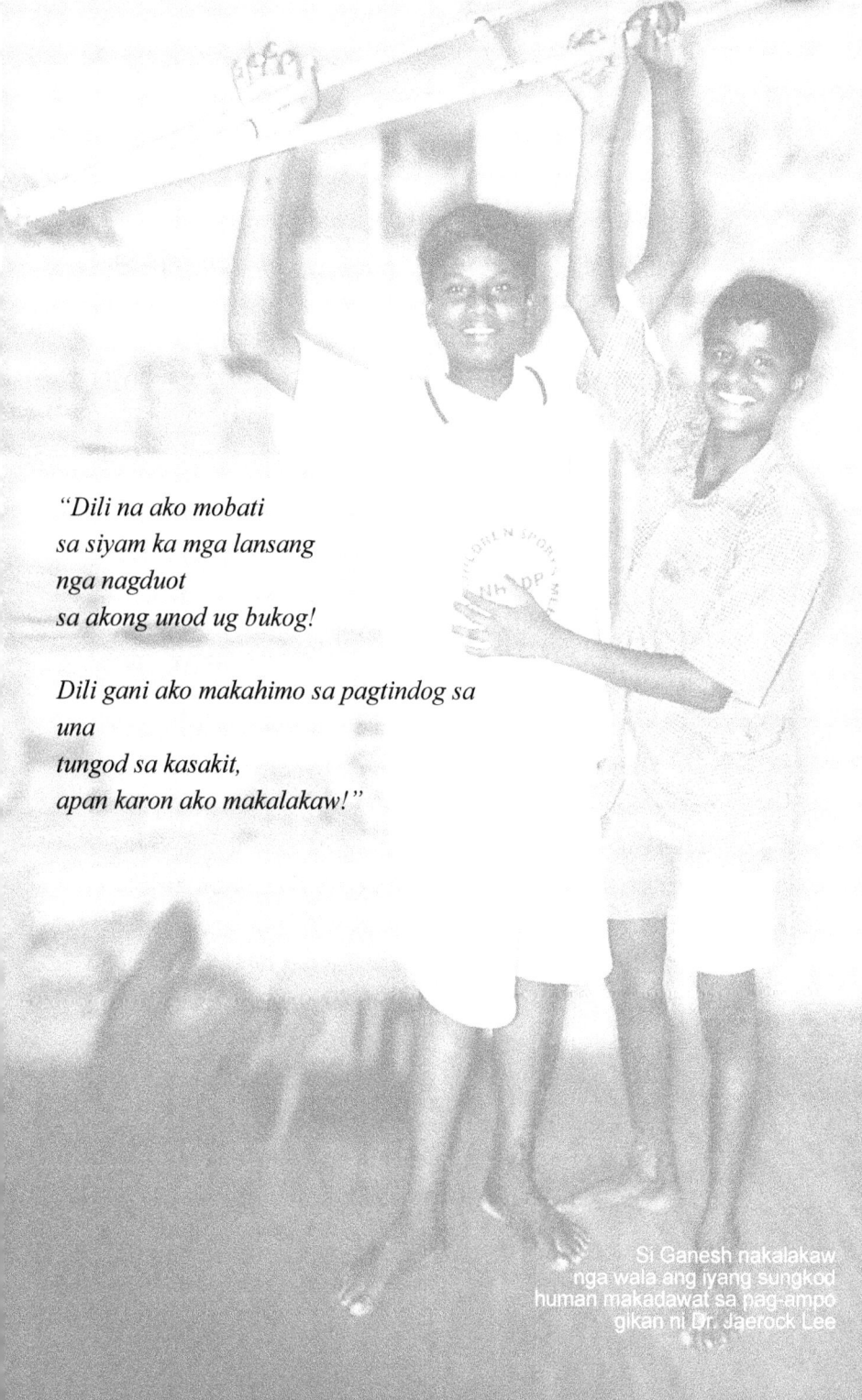

*"Dili na ako mobati
sa siyam ka mga lansang
nga nagduot
sa akong unod ug bukog!*

*Dili gani ako makahimo sa pagtindog sa
una
tungod sa kasakit,
apan karon ako makalakaw!"*

Si Ganesh nakalakaw
nga wala ang iyang sungkod
human makadawat sa pag-ampo
gikan ni Dr. Jaerock Lee

sa iyang bisikleta ug nadaut ang iyang tuo nga bat-ang. Ang lisud nga pinansyal nga mga sitwasyon sa panimalay ang nakapugong kaniya sa pagdawat sa hustong pagtambal. Human sa usa ka tuig nga milabay, usa ka tumor ang mitubo sa iyang bukog ug siya napugos nga kuhaon ang iyang tuo nga pelvis. Ang mga doktor mibutang sa usa ka manipis nga metal nga board sa iyang bukog sa paa ug sa nahibilin nga bahin sa iyang bat-ang, ug gihigot ang board gamit ang siyam ka lansang. Ang hilabihan nga kasakit gikan sa mga lansang naghimo kaniya nga imposible nga makasaka ug makapanaog sa hagdanan o maglakaw nga walay mga sungkod.

Sa diha nga siya nakadungog mahitungod sa krusada, si Ganesh mitambong niini ug nakasinati sa nagdilaab nga buhat sa Espiritu Santo. Sa ikaduha sa upat-ka-adlaw nga krusada, sa iyang pagdawat sa "Pag-ampo alang sa mga Masakiton" iyang gibati nga nag-init ang iyang lawas, nga morag kini gibutang sa usa ka kolon sa nagbukal nga tubig, ug wala na mobati sa bisan unsa nga kasakit sa iyang lawas. Siya diha-diha dayon misaka sa entablado ug mihatag sa usa ka pagpamatuod sa iyang pagka-ayo. Sukad niadto, siya wala na mibati sa kasakit bisan asa sa iyang lawas, wala migamit sa mga sungkod, ug libreng makalakaw ug makadagan.

Usa ka Babaye ang Mitindog gikan sa iyang Wheelchair sa Dubai

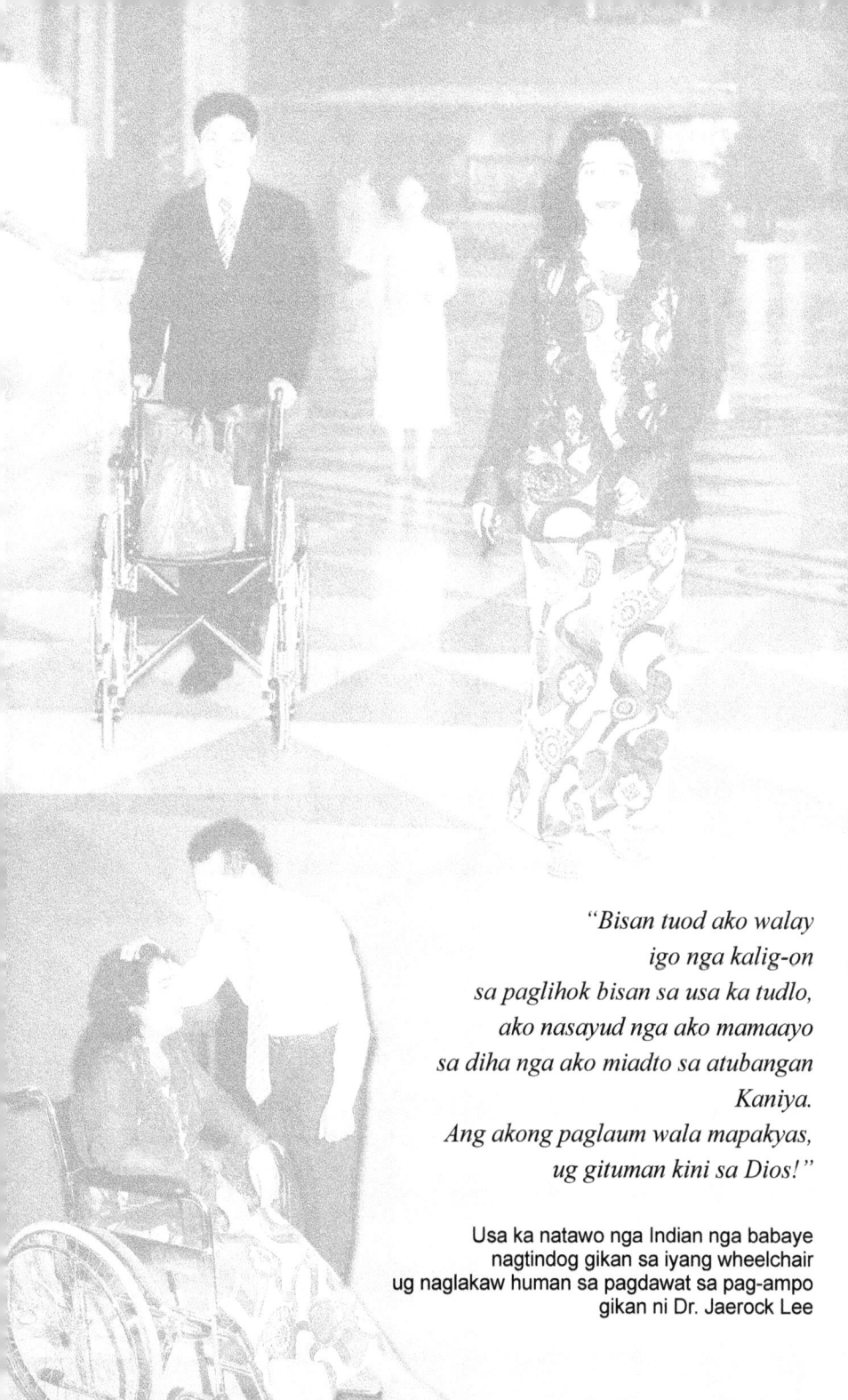

"Bisan tuod ako walay igo nga kalig-on sa paglihok bisan sa usa ka tudlo, ako nasayud nga ako mamaayo sa diha nga ako miadto sa atubangan Kaniya. Ang akong paglaum wala mapakyas, ug gituman kini sa Dios!"

Usa ka natawo nga Indian nga babaye nagtindog gikan sa iyang wheelchair ug naglakaw human sa pagdawat sa pag-ampo gikan ni Dr. Jaerock Lee

Kaniadtong Abril sa 2003, samtang didto ako sa Dubai, United Arab Emirates, ang usa ka natawo nga Indian nga babaye mitindog gikan sa iyang wheelchair sa diha nga nakadawat siya sa akong pag-ampo. Siya usa ka intelihenteng babaye nga nagtuon sa Estados Unidos. Tungod sa personal nga mga problema, siya nag-antos gikan sa usa ka shock sa pangisip, nga inubanan sa mga epekto sa usa ka aksidente sa trapiko ug sa usa ka komplikasyon.

Sa diha nga ako unang nakita kining bayhana, siya dili makalakaw, nakulangan sa kalig-on sa pagsulti, ug dili makahimo sa pagpunit sa iyang antipara nga iyang nahulog. Nagdugang pa siya nga siya luya na kaayo sa pagsulat o sa pagkuha sa usa ka baso nga tubig. Sa diha nga ang uban mihikap lang kaniya, siya hilabihan nga masakitan. Human sa pag-ampo, nan, ang babaye mitindog dayon gikan sa iyang wheelchair. Bisan ako natingala kaayo niining babaye, nga walay igo nga kusog nga makasulti sa pipila ka minutos una pa niana, nga siya karon makakuha sa iyang mga kabtangan molakaw gawas sa kuwarto.

Ang Jeremias 29:11 nagsulti kanato, "'Kay Ako mahibalo sa mga hunahuna nga gihunahuna Ko alang kaninyo,' nagaingon ang GINOO, 'mga hunahuna sa pakigdait, ug dili sa kadautan sa paghatag kaninyo ug paglaum sa inyong kaugmaon.'" Ang atong Amahan nga Dios nahigugma kanato kaayo nga Iyang gihatag nga walay paghawid ang Iyang usa ug bugtong nga Anak.

Busa, bisan pa kon ikaw nabuhi sa usa ka makalolooy nga kinabuhi tungod sa pisikal nga pagkabaldado, kamo adunay paglaum nga mabuhi sa usa ka malipayon ug himsog nga kinabuhi pinaagi sa pagtoo sa Dios nga Amahan. Siya dili gusto nga makakita sa bisan kinsa sa Iyang mga anak diha sa mga pagsulay ug sa kagul-anan. Dugang pa, Siya nangandoy sa paghatag sa tanan sa kalibutan sa kalinaw, kasadya, kalipay, ug usa ka umaabot.

Pinaagi sa istorya sa usa ka paralitiko nga gipakita sa Marcos 2, nakaila ka sa mga paagi ug mga pamaagi kon diin ikaw makadawat sa mga tubag sa mga tinguha sa imong kasingkasing. Hinaot ang matag usa kaninyo mag-andam sa usa ka sudlanan sa pagtoo ug makadawat sa bisan unsa nga inyong pangayuon, sa ngalan sa atong Ginoong Hesukristo nag-ampo ako!

Mensahe 8
Ang mga Katawohan Magmaya, Mosayaw, ug Maga-awit

Marcos 7:31-37

*Ug Siya mipahawa pag-usab sa kayutaan sa Tiro,
ug miadto sa Lanaw sa Galilea, agi sa Sidon
latas sa kayutaan sa Decapolis.
Ug Kaniya ilang gidala ang usa ka tawo
nga bungol ug may pagkaamang;
ug ilang gihangyo Siya nga unta itapion
Kaniya ang iyang kamot diha kaniya.
Ug sa napinig ni Hesus ang tawo gikan sa kadaghanan,
gikulitog Kaniya ang iyang mga tudlo
sa mga dalunggan niini,
ug nangluwa siya ug Iyang gihikap ang dila niini;
ug sa nagyahat Siya sa langit,
nanghupaw Siya ug miingon kaniya,
Ug naabli ang iyang mga dalunggan,
ug naluag ang iyang dila,
ug siya nakasulti na sa tataw.
Ug gitugon sila Kaniya nga walay
bisan usa nga ilang suginlan niini;
apan sa naglabi ang Iyang pagtugon kanila,
naglabi pa usab hinoon ang ilang pagpanugilon niini.
Ug sa hilabihan ka dakung kahibulong, sila nanag-ingon,
'Maayo gayud ang iyang pagkabuhat niining tanan;
Bisan gani ang bungol iyang gihimo nga makadungog na
ug ang amang nga makasulti na'*

Atong Makita ang masunod sa Mateo 4:23-24:

Ug ang tibuok Galilea gisuroy ni Hesus nga nagpanudlo sulod sa ilang mga sinagoga ug nagwali sa Maayong Balita mahitungod sa gingharian ug nag-ayo sa tanang balatian ug tanang sakit diha sa mga katawohan. Ug ang kabantug mahitungod Kaniya mikaylap sa tibuok Siria; ug ngadto Kaniya ilang gipanagdala ang tanang masakiton, ang mga gitakbuyan sa nagkalainlaing mga balatian ug mga kasakitan, ug ang mga giyawaan, mga palatulon, ug mga paralitiko; ug Iyang giayo sila.

Dili lamang si Hesus nagwali sa pulong sa Dios ug sa maayong balita sa gingharian, apan usab nag-ayo sa dili maihap nga mga katawohan nga nag-antus gikan sa lainlaing matang sa mga sakit. Pinaagi sa pag-ayo sa mga sakit nga ang gahum sa tawo mao ang walay pulos, ang pulong nga gimantala ni Hesus gikulit diha sa mga kasingkasing sa mga katawohan, ug iyang gidala sila ngadto sa langit pinaagi sa ilang pagtoo.

Giayo ni Hesus ang usa ka Tawo nga Bungol ug Amang

Sa Marcos 7 mao ang usa ka istorya mahitungod sa panahon nga mipanaw si Hesus gikan sa Tiro ngadto sa Sidon, unya gikan didto ngadto sa Lanao sa Galilea ug sa rehiyon sa Decapolis, ug giayo ang usa ka bungol ug amang nga tawo. Kon ang usa ka tawo "halos dili makasulti," nagpasabot nga siya nganga ug dili makahimo sa pagsultig tin-awng pagkasulti. Ang tawo gikan niining tudling tingali nakakat-on sa pagsulti sa diha nga siya usa ka bata pa, apan nahimong bungol sa ulahi, ug "halos dili makasulti" karon.

Sa kinadaghanan, ang usa ka "bungol nga amang" mao ang usa ka tawo nga wala nakakat-on sa pagsulti sa mga pinulongan tungod sa pagkabungol, samtang ang "bradyacusia" nagtumong sa kalisud sa mga igdulungog. Adunay nagkalainlaing gidaghanon sa mga paagi nga ang usa mahimo nga usa ka bungol nga amang. Ang una niini mao ang panulondon. Sa ikaduha nga kaso, ang usa mahimong usa ka kinaiyanhong bungol nga amang kon ang inahan nag-antus sa rubella (nga sa lain nailhan nga "German measles") o nag-inom sa sayop nga tambal sa panahon sa pagmabdos. Sa ikatulo nga kaso, kon ang bata nahiling nga naay meningitis sa diha nga siya tulo o upat ka tuig ang panuigon, sa usa ka panahon nga ang bata makakat-on sa pagsulti, ang usa mahimong usa ka bungol nga amang. Sa kaso sa bradyacusia, kon ang eardrum nabuak, ang mga hearing aid mahimong makahupay sa mga kalisud. Kon adunay usa ka problema sa auditory nga ugat mismo, walay hearing aid nga makatabang. Alang sa ubang mga kaso kon diin ang usa ka tawo nagtrabaho sa usa ka saba kaayo nga kahimtang o ang paghuyang sa igdudungog mahitabo sa pagkatigulang sa usa ka tawo, giingon nga walay sukaranan nga tambal.

Dugang pa, ang usa ka tawo mahimo nga bungol o amang kon siya mao ang giyawaan. Sa maong kahimtang, sa diha nga ang usa ka tawo nga naay espirituhanon nga awtoridad sa pagpagula sa dautan nga mga espiritu, ang tawo makadungog ug makasulti diha-diha dayon. Sa Marcos 9:25-27, sa diha nga si Hesus nagbadlong sa espiritu nga dautan diha sa usa ka batang lalaki kinsa dili makahimo sa pagsulti, "Ikaw espiritu nga makapaamang ug makapabungol, nagasugo ako kanimo, gumula ka ug ayaw na siya sudli pag-usab" (b. 25) ang espiritu nga dautan mibiya sa bata diha dayon ug ang bata nahimong maayo.

Pagtoo nga kon ang Dios molihok, walay sakit ug kahuyang ang makahatag sa usa ka problema o hulga kaninyo. Mao kana ngano nga atong makita sa Jeremias 32:27, "Ania karon, ako mao ang GINOO, ang Dios sa tanang mga unod; may malisud pa ba alang Kanako?" Ang Mga Salmo 100:3 nag-awhag kanato sa "Ilhon ninyo nga ang GINOO, siya mao ang Dios; Siya mao ang nagbuhat kanato, ug kita mga iya man; Kita mao ang mga katawohan kaniya ug ang mga karnero sa Iyang sibsibanan," samtang ang Mga Salmo 94:9 nagpahinumdom kanato, "Siya nga nagbuhat sa igdulungog, dili ba Siya makadungog? Siya nga nag-umol sa mata, dili ba Siya makakita?" Kon kita nagtoo sa makagagahum nga Amahan nga Dios nga nag-umol sa atong mga dalunggan ug mga mata gikan sa kailadman sa atong mga kasingkasing, ang tanang mga butang mahimo. Mao kana nga para kang Hesus, kinsa mianhi sa yuta sa unod, ang tanang butang posible. Ingon sa atong makita sa Marcos 7, sa diha nga nag-ayo si Hesus sa bungol ug amang nga tawo, ang mga dalunggan sa tawo nabuksan ug ang iyang mga pulong nahimong masabtan.

Kon kita dili lamang mosalig kang Kristo Hesus apan usab mangayo alang sa gahum sa Dios uban sa hamtong nga pagtoo, ang samang buhat sama nga natala diha sa Biblia ang mahitabo bisan karon. Sa niini, ang Mga Hebreohanon 13:8 nag-ingon kanato, "Si Hesukristo mao sa gihapon, kagahapon ug karon ug hangtud sa kahangturan," samtang ang Mga Taga-Efeso 4:13 nagpahinumdom kanato nga kita kinahanglan sa "hangtud makakabot kitang tanan sa pagkahiniusa sa pagtoo ug sa kahibalo mahitungod sa Anak sa Dios, ug makakab-ot sa kahamtong sa pagkatawo, sa sukod sa gidak-on sa kahupnganan ni Kristo."

Apan, ang kaus-osan sa mga bahin sa lawas o ang pagkabungol ug pagkaamang tungod sa usa ka resulta sa kamatayon sa selyula sa ugat dili maayo pinaagi sa gasa sa pagpang-ayo. Sa diha lang nga ang usa ka tawo nga nakakab-ot sa tibuok nga gidak-on sa kahupnganan ni Hesukristo, makadawat sa gahum ug awtoridad gikan sa Dios ug nag-ampo sumala sa kabubut-on sa Dios, nga ang pagpa-ayo ang mahitabo.

Mga Higayon sa Pagpa-ayo sa Dios sa Kabungol sa Manmin

Ako nakasaksi sa daghang mga higayon kon diin ang

Usa ka awit sa pagpasalamat
sa mga katawohan
nga nangayo sa ilang mga pagkabungol

"Uban sa mga kinabuhi
nga Imong gihatag kanamo,
kita magalakaw
sa ibabaw sa yuta
sa pangandoy alang

Ang akong kalag
katin-aw sa kris
moanha diha k

Si Dekonesa Napshim Park naghatag og himaya sa Dios sa
human nga naayo sa iyang 55-ka-tuig nga pagkabungol

bradyacusia naayo, ug dili maihap nga mga katawohan nga kaniadto dili makahimo sa pagpatalinghug sukad sa pagkatawo makadungog sa unang higayon. Adunay duha ka mga tawo nga nakadungog sa unang higayon sa kalim-an ug lima ug kalim-an ug pito ka tuig.

Kaniaadtong Septyembre 2000, sa diha nga ako nagpahigayon sa usa ka Milagroso nga Pagpang-ayo nga Piyesta sa Nagoya, Japan, napulo ug tulo ka mga katawohan nga nag-antus gikan sa sakit sa dili pagkadungog nakadawat sa pag-ayo sa diha nga sila nakadawat sa akong pag-ampo. Kini nga balita gipaabot balik sa daghan sa mga naay diperensiya sa pagdungog sa Korea, ug daghan kanila ang mitambong sa ikasiyam nga Duha-ka-semana nga Espesyal nga Pagkapukaw nga Panagtagbo kaniadtong Mayo 2001, nakadawat sa pagka-ayo, ug naghimaya sa Dios sa hilabihan.

Lakip kanila mao ang usa ka katloan-ug tulo ka-tuig-ang panuigon nga babaye, nga usa ka bungol nga amang sukad sa usa ka aksidente sa dihang siya may walo ka tuig ang panuigon. Human nga gidala ngadto sa among iglesia sa wala pa ang 2001 nga Panagtagbo, siya miandam sa iyang kaugalingon sa pagdawat sa mga tubag. Ang babaye mitambong sa adlaw-adlaw nga "Daniel nga Pag-ampo nga Panagtagbo" ug, sa iyang paghinumdum sa iyang mga sala nga nangagi, siya migisi sa iyang kasingkasing. Human sa pag-andam sa iyang kaugalingon alang sa Pagkapukaw nga Panagtagbo sa tim-os nga tinguha, siya mitambong sa Panagtagbo. Atol sa katapusan nga sesyon sa Panagtagbo, sa diha nga gibutang ko ang akong kamot sa ibabaw sa mga bungol nga amang sa pag-ampo alang kanila, siya wala mibati sa diha-diha nga kausaban. Bisan pa niana, siya wala mahigawad. Hinunoa, siya nakakita sa mga pagpamatuod sa mga tawo nga nakadawat sa pagka-ayo sa pagmaya ug pagpasalamat, ug mas labi pa ka mainiton nga nagtoo nga siya, usab, mahimong mamaayo.

Giisip sa Dios nga kini pagtoo ug giayo ang babaye wala madugay human natapos ang Panagtagbo. Nakita ko ang buhat sa gahum sa Dios nga gipakita bisan human ang Panagtagbo natapos. Dugang pa, ang paghiling sa igdulungog nga iyang giagihan nagpamatuod lang sa kumpleto nga pagka-ayo sa duha ka igdulungog. Hallelujah!

Pagkabungol sukad sa Pagkatawo Nakadawat sa Pagka-ayo

Ang kadakuon sa pagpakita sa gahum sa Dios nagkadugang matag tuig. Sa 2002 Honduras nga Milagroso nga Pagpang-ayo nga Krusada, ang dili maihap nga mga katawohan nga bungol ug amang miadto aron makabati ug makasulti. Sa diha nga ang anak nga babaye sa pangulo sa seguridad nga personnel sa panahon sa krusada naayo sa iyang tibuok kinabuhi nga pagkabungol, siya nalipay kaayo ug hilabihan nga nagmapasalamaton.

Usa sa mga igdulungog sa usa ka walo ka-tuig-ang panuigon nga si Madeline Yaimin Bartres wala mitubo sa husto nga paagi, ug siya hinay-hinay nga nawad-an sa igdudungog. Sa pagkadungog mahitungod sa krusada, si Madeline mihangyo sa iyang amahan nga dad-on siya sa niini. Siya nakadawat sa daghan nga grasya atol sa pagdayeg nga panahon, ug human sa pagdawat sa akong pag-ampo alang sa tanan nga mga masakiton, siya misugod sa pagpamati sa tin-aw. Kay ang iyang amahan nagtrabaho og matinud-anon alang sa krusada, gipanalanginan sa Dios ang iyang bata sa niini nga paagi.

Sa 2002 Milagroso nga Pagpang-ayo nga Pag-ampo nga Piyesta sa India, si Jennifer Mitangtang sa Iyang Hearing Aid

Bisan tuod kami wala makahimo sa pagparehistro sa tanan nga mga dili maihap nga mga pagpamatuod atol sa ug pagkahuman sa Krusada sa India, bisan pa sa uban nga pipila nga among pinili kami napugos sa paghatag sa mga pasalamat ug himaya sa Dios. Lakip sa maong mga kaso mao ang istorya sa usa ka bata nga babaye nga ginganlan si Jennifer, nga bungol ug amang sukad sa pagkatawo. Ang usa ka doktor misugyot nga siya magsul-ob sa mga hearing aid diin makapalambo sa iyang igdulungog og gamay, apan mipahinumdom kaniya nga ang pagpamati dili mahimong hingpit.

Samtang ang inahan ni Jennifer nag-ampo sa matag adlaw alang sa pagka-ayo sa iyang anak nga babaye, sila mitambong sa krusada. Ang inahan ug anak nga babaye naglingkod sa duol, sa usa sa mga daku nga mga speaker, tungod kay ang kaduol sa

Si Jennifer giayo sa iyang pagkabungol gikan sa pagkatawo ug ang ebalwasyon sa iyang doktor

CHURCH OF SOUTH INDIA
MADRAS DIOCESE
C. S. I. KALYANI MULTI SPECIALITY HOSPITAL
15, Dr. Radhakrishnan Salai, Chennai-600 004. (South India)

Ref. No. _____ Date: 16/10/01

To whom it may concern

Miss Jennifer aged 5 yrs has been examined by me at CSI Kalyani Hospital for her hearing.

After interacting with the child and observing her and after examining the child, I have come to the conclusion that Jennifer has definitely good hearing improvement now than before she was prayed for. The mother's observation of her child is far more important and the mother has definitely noticed improvement in her child's hearing ability. Jennifer hears much better without the hearing aid, responding to her name being called when as previously she was not without the aid and

Medical Officer,
C. S. I. KALYANI GENERAL HOSPITAL

makusog nga speaker dili makahatag og kagubot kang Jennifer sa gihapon. Sa katapusan nga adlaw sa krusada, nan, tungod sa mas daku nga panon sa katawohan nga nagtigum, sila dili makakaplag og lingkoranan duol sa speaker. Unsa ang misunod ang tinuod nga dili katuohan. Sa diha nga nahuman kanako ang pag-ampo alang sa mga masakiton gikan sa pulpito, si Jennifer misulti sa iyang inahan nga ang tanan nga tingog kusog kaayo ug gihangyo ang iyang inahan sa pagtangtang sa mga hearing aid. Hallelujah!

Sumala sa medikal nga mga rekord sa wala pa ang pagka-ayo, kon wala ang mga hearing aid, ang igdulungog ni Jennifer dili makadungog bisan sa labing taas nga intensidad sa tingog. Sa laing mga pulong, si Jennifer nawad-an sa usa ka gatus ka porsyento sa iyang igdulungog, apan human sa pag-ampo, kini nahibaloan nga 30 ngadto sa 50 porsiyento sa iyang igdulungog ang napahiuli. Ang mosunod mao ang ebalwasyon sa otorhinolaryngologist nga si Christina kang Jennifer:

> Aron sa pagtabang sa mga igdulungog nga abilidad ni Jennifer, may edad 5, gisusi ko siya sa C.S.I. Kalyani Multi Specialty Hospital. Human sa pakig-istorya kang Jennifer ug sa pagsusi kaniya, nakaabot ko sa usa ka konklusyon nga may usa ka ug talagsaon nga kalamboan sa iyang igdulungog human sa pag-ampo. Ang mga opinyon sa inahan ni Jennifer usab hayag kaayo. Siya mihimo sa mao usab nga obserbasyon nga akong gihimo nga ang igdulungog ni Jennifer sa pagkatinuod ug sa daku milambo. Sa niini nga panahon, si Jennifer makadungog og

maayo nga walay bisan unsa nga mga hearing aid ug mitubag man og maayo sa diha nga ang mga katawohan magtawag sa iyang ngalan. Kini dili mao ang kaso kon wala ang mga hearing aid sa wala pa ang pag-ampo.

Sa mga tawo nga nag-andam sa ilang mga kasingkasing diha sa pagtoo, ang gahum sa Dios gipakita sa walay pagduha-duha. Siyempre, adunay daghang mga higayon diin ang kondisyon sa mga pasyente nagkalambo sa adlaw-adlaw basta sila magadala og matinud-anon nga kinabuhi diha kang Kristo.

Kasagaran, ang Dios wala mohatag sa bug-os nga pagka-ayo sa unang higayon sa mga tawo nga nabungol gikan sa panahon nga sila mga batan-on pa. Kon sila makadungog dayon og maayo gikan sa higayon nga sila nangaayo, kini mahimong lisud alang kanila sa pag-asdang sa tanan nga mga tingog. Kon ang mga katawohan nawad-an sa pagdungog human sila mitubo na, mahimo ayohon sila sa Dios sa bug-os diha dayon tungod kay kini dili magkuha'g daghan nga panahon alang kanila sa pag-asdang sa mga tingog. Sa maong mga kaso, ang mga katawohan mahimo nga maglibog sa una apan human sa usa ka adlaw o duha, sila magmalinawon ug mahimong maanad sa ilang abilidad sa pagpamati.

Kaniadtong Abril 2003, sa panahon sa akong biyahe sa Dubai sa United Arab Emirates, nahimamat ko ang usa ka katloan ug duha ka-tuig-ang panuigon nga babaye nga nawad-an sa sinultihan human sa pag-antus gikan sa cerebral meningitis sa diha nga siya duha ka tuig ang panuigon. Sa diha nga siya nakadawat sa akong pag-ampo, miingon kaayo sa tin-aw ang babaye, "Salamat kanimo!" Naghunahuna ko sa iyang sulti nga ingon lamang usa ka timaan sa pagpasalamat, apan ang iyang mga ginikanan miingon kanako nga tulo ka dekada na ang milabay sukad nga ang ilang anak nga babaye ulahi nga militok og, "Salamat kanimo."

Aron nga Makasinati sa Gahum Nga Makahimo sa Amang nga Makasulti ug sa Bungol nga Makapamati

Sa Marcos 7:33-35 mao ang masunod:

Ug sa napinig ni Hesus ang tawo gikan sa kadaghanan, gikulitog niya ang iyang mga tudlo sa mga dalunggan niini, ug nangluwa Siya ug Iyang gihikap ang dila niini; ug sa nagyahat Siya sa langit, nanghupaw Siya ug miingon kaniya, 'Effata,' nga sa ato pa, 'Maabli ka!.' Ug naabli ang iyang mga dalunggan, ug naluag ang iyang dila, ug siya nakasulti na sa tataw.

Dinhi, ang "Effata," nagpasabut nga "Abli" sa Hebreohanon. Sa diha nga si Hesus nagsugo sa orihinal nga tingog sa paglalang, ang mga dalunggan sa tawo naabli ug ang iyang dila naluag.

Nan, ngano man, unya nga gibutang ni Hesus ang Iyang mga tudlo sa mga dalunggan sa tawo sa wala pa sa pagsugo, "Effata"? Ang Mga Taga-Roma 10:17 nagsulti kanato, "Busa ang pagtoo magaabut gikan sa madungog, ug ang madungog magaabut pinaagi sa pagwali mahitungod kang Kristo." Tungod kay kini nga tawo dili makadungog, dili kini sayon alang kaniya sa pag-angkon sa pagtoo. Dugang pa, ang tawo wala moanha sa atubangan ni Hesus aron sa pagdawat sa pag-ayo. Hinunoa, ang ubang mga tawo ang nagdala niini nga tawo ngadto kang Hesus. Pinaagi sa pagbutang sa Iyang mga tudlo sa mga dalunggan sa tawo, nagtabang si Hesus sa tawo sa pag-angkon sa pagtoo pinaagi sa pagbati sa Iyang mga tudlo.

Sa diha lang nga kita makasabut sa espirituhanon nga kahulugan nga nasukip sa mga talan-awon diin si Hesus nagpadayag sa gahum sa Dios, nga kita makasinati sa Iyang gahum. Unsa nga piho nga mga lakang man ang atong himuon?

Kita kinahanglan gayud nga una nga mag-angkon sa pagtoo aron makadawat sa pagka-ayo.

Bisan kon kini mao ang gamay ra, ang usa nga nagkinahanglan sa pagdawat sa pagka-ayo kinahanglan mag-angkon og pagtoo. Apan, dili sama sa mga panahon ni Hesus ug tungod sa pag-uswag sa sibilisasyon, adunay daghan nga mga medium, lakip na ang senyas nga pinulongan, nga bisan pa ang mga nadaot ang igdulungog mahimong makahibalo sa Maayong Balita. Sugod sa usa ka pipila ka tuig na ang milabay, ang tanan nga wali nga mga mensahe dungan nga gihubad sa senyas nga pinulongan sa Manmin. Ang mga mensahe nga gikan sa nangagi usab nga padayon nga gipabag-o sa senyas nga pinulongan sa website niini sab.

Dugang pa, pinaagi sa daghang mga paagi, lakip na ang mga libro, mga mantalaan, mga magasin, ug mga video ug audio cassette tapes, ikaw mahimo nga makaangkon sa pagtoo hangtud nga kamo adunay determinasyon. Sa higayon nga ang pagtoo makab-ot, mahimo kanimong masinati ang gahum sa Dios. Akong gihisgutan ang usa ka gidaghanon sa mga pagpamatuod isip nga usa ka paagi sa pagtabang kanimo sa pagangkon sa pagtoo.

Sunod, kita kinahanglan gayud nga makadawat sa kapasayloan.

Nganong si Hesus miluwa ug mihikap sa dila sa tawo human Kaniya gibutang ang Iyang mga tudlo sa mga dalunggan sa tawo? Kini espirituhanon nga nagsimbolo sa bunyag pinaagi sa tubig ug gikinahanglan alang sa kapasayloan sa mga sala sa tawo. Ang pagbunyag pinaagi sa tubig nagpasabot nga pinaagi sa pulong sa Dios nga sama sa limpyo nga tubig, kita kinahanglan nga mahinloan gikan sa tanan kanatong mga sala. Aron makasinati sa gahum sa Dios, ang usa kinahanglan una nga masulbad ang problema sa sala. Sa baylo sa paghinlo sa kahugawan sa tawo pinaagi sa tubig, kini gipulihan sa laway ni Hesus, ug sa ingon nagsimbolo sa kapasayloan sa tawo niini. Ang Isaias 59:1-2 nagsulti kanato, "Ania karon, ang kamot sa GINOO wala pamub-i aron kini dili makaluwas; ni pabug-aton ang iyang igdulungog, aron kini dili makadungog. Apan ang inyong mga kasal-anan maoy nakapahamulag kaninyo ug sa inyong Dios, ug ang inyong mga sala nakapatago sa Iyang nawong gikan kaninyo, aron Siya dili makadungog."

Ingon sa gisaad sa Dios kanato diha sa 2 Cronicas 7:14, "Kong ang Akong katawohan nga gihinganlan sa Akong ngalan magmapainubsanon sa ilang kaugalingon, ug magampo, ug mangita sa Akong nawong, ug motalikod gikan sa ilang mga dautang dalan, nan Ako magapatalinghug gikan sa langit, ug magapasaylo sa ilang sala, ug magaayo sa ilang yuta," aron makadawat sa mga tubag sa atubangan sa Dios, kinahanglan kanimo gayud nga tan-awon balik ang imong kaugalingon nga matinud-anon, gision ang imong kasingkasing, ug maghinulsol.

Sa unsa nga kita kinahanglan nga maghinulsol sa atubangan sa Dios?

Una, kamo kinahanglan gayud nga maghinulsol sa dili pagtoo sa Dios ug sa pagdawat kang Hesukristo. Sa Juan 16:9, nag-ingon kanato si Hesus nga ang Espiritu Santo pailhon ang kalibutan sa pagbasol mahitungod sa sala, kay ang mga tawo wala motoo Kaniya. Kinahanglan kanimo gayud nga makaamgo nga ang dili pagdawat sa Ginoo mao ang usa ka sala, ug busa motoo diha sa Ginoo ug Dios.

Ikaduha, kon wala kamo nahigugma sa inyong mga igsoon, kamo kinahanglan gayud nga maghinulsol. Ang 1 Juan 4:11 nagingon kanato, "Mga hinigugma, kay ang Dios nahigugma man kanato sa ingon niana, nan, kinahanglan kita usab maghigugmaay sa usag usa." Kon ang imong igsoon nagadumot kaninyo, sa baylo nga magdumot kaniya sa pagbalik, kinahanglan ka gayud nga magpaubos ug mapasayloon. Kinahanglan higugmaon sab kanimo ang imong kaaway, pangitaa una ang iyang mga benepisyo, ug maghunahuna ug molihok sama nga ibutang ang imong kaugalingon sa iyang mga kahimtang. Sa diha nga ikaw makahimo sa paghigugma sa tanan nga mga katawohan, ang Dios usab magpakita kanimo sa simpatiya, kalooy, ug sa buhat sa pagpa-ayo.

Ikatulo, kon ikaw nag-ampo alang sa-kaugalingon nga mga interes, kamo kinahanglan gayud nga maghinulsol. Ang Dios wala mahimuot sa mga tawo nga mag-ampo uban sa hakog nga mga motibo. Siya dili motubag kanimo. Bisan gikan sa karon, kamo kinahanglan gayud nga mag-ampo sumala sa kabubut-on sa Dios.

Ikaupat, kon ikaw nag-ampo apan nagduhaduha, kinahanglan kang gayud nga maghinulsol. Ang Santiago 1:6-7 mabasa nga, "Hinoon kinahanglan nga mangayo siya uban sa pagtoo, sa walay pagduhaduha, kay siya nga nagaduhaduha, sama sa balud sa dagat nga ginahandos ug ginakosokoso sa hangin. Ayaw ipadahum sa maong tawo nga siya adunay madawat gikan sa Ginoo." Busa, sa diha nga kita mag-ampo, kita kinahanglan gayud nga mag-ampo pinaagi sa pagtoo ug sa pagpahimuot Kaniya. Dugang pa, sama sa Mga Hebreohanon 11:6 nga nagpahinumdom kanato, "ug kon walay pagtoo dili gayud mahimo ang pagpahimuot sa Dios," ilabay ang imong mga pagduhaduha ug mangayo pinaagi lamang sa pagtoo.

Ikalima, kon wala ka magtuman sa mga sugo sa Dios, kinahanglan kang gayud nga maghinulsol. Ingon sa gisulti kanato ni Hesus diha sa Juan 14:21, "Ang nagabaton sa Akong mga sugo ug nagatuman niini, kini siya mao ang nahigugma Kanako; ug ang nahigugma kanako pagahigugmaon sa akong Amahan, ug Ako mahigugma kaniya ug magapadayag sa Akong kaugalingon ngadto kaniya," sa diha nga ipakita kanimo ang katinuoran sa imong gugma alang sa Dios pinaagi sa pagsunod sa Iyang mga sugo, makadawat ka sa mga tubag gikan Kaniya. Sa matag panahon, ang mga tumuluo nalambigit sa mga aksidente sa trapiko. Kana tungod kay ang kadaghanan kanila wala magbantay sa Adlaw sa Ginoo nga balaan o nga mihatag sa ilang tibuok nga ikapulo. Tungod kay sila wala magpabilin sa labing sukaranan nga mga lagda alang sa mga Kristohanon, ang Napulo ka mga Sugo, sila dili mabutang sa ilalum sa panalipod sa Dios. Lakip sa mga matinud-anon nga mosunod sa Iyang mga sugo, ang uban kanila maapil tinuod sa mga aksidente pinaagi sa ilang kaugalingong mga sayop. Bisan pa niana, sila gipanalipdan sa Dios. Sa maong mga kaso, ang mga tawo sa sulod magpabilin nga wala maunsa bisan sa usa ka naguba nga sakyanan, tungod kay nahigugma kanila ang Dios, ug nagpakita kanila sa pamatuod sa Iyang gugma. Dugang pa, ang mga katawohan nga wala makaila sa Dios sa kanunay makadawat sa dali nga pag-ayo human sa pagdawat sa pag-ampo. Kini tungod kay ang kamatuoran nga sila mianha sa iglesia mismo mao ang usa ka buhat sa pagtoo, ug mga buhat sa Dios diha kanila. Apan, sa dihang ang mga katawohan adunay pagtoo ug nahibalo sa kamatuoran apan padayon nga nagsupak sa mga sugo sa Dios ug wala mabuhi pinaagi sa Iyang Pulong, kini mahimo nga usa ka paril taliwala sa Dios ug sa kadtong mga tawhana, ug busa sila dili makadawat sa pagka-ayo. Ang rason nga ang Dios nagbuhat sa hilabihan gayud taliwala sa mga dili-tumuluo sa panahon sa gawas sa nasud nga Dakung Panaghiusa nga Krusada tungod kay ang kamatuoran nga ang mga tawo nga nagasimba sa mga dios-dios nakadungog sa mga balita ug nagtambong sa mga krusada mismo giisip nga pagtoo sa mga mata sa Dios.

Ikaunom, kon ikaw wala nagpugas, kinahanglan kang gayud nga maghinulsol. Sumala sa Mga Taga-Galacia 6:7 nga nagsulti kanato, "Kay bisan unsay igapugas sa tawo, mao usab kana ang iyang pagaanihon," aron masinati ang gahum sa Dios, kinahanglan kang gayud una nga magtambong sa mga serbisyo sa pagsimba sa makugihon gayud. Hinumdumi nga sa diha nga imong ipugas sa imong lawas, ikaw makadawat og mga panalangin sa panglawas, ug sa diha nga ikaw magpugas sa imong mga bahandi, ikaw makadawat og mga panalangin sa bahandi. Busa, kon gusto ka nga mag-ani nga walay pagpugas, kinahanglan kang gayud nga maghinulsol niana.

Ang 1 Juan 1:7 mabasa nga, "Apan kon kita magalakaw diha sa kahayag, maingon nga Siya anaa sa kahayag, nan, kita may pakig-ambitay sa usag usa, ug ang dugo ni Hesus nga iyang Anak nagahinlo kanato gikan sa tanang sala." Dugang pa, ang paghupot sa mga saad sa Dios diha sa 1 Juan 1:9, "Kon isugid ta ang atong mga sala, Siya kasaligan ug makatarunganon nga tungod niana mopasaylo Siya sa atong mga sala ug magahinlo kanato gikan sa tanang pagkadili makatarunganon." siguradoha sa pagtan-aw balik sa imong kaugalingon, maghinulsol, ug paglakaw diha sa kahayag.

Hinaot nga kamo makadawat sa kalooy sa Dios, makadawat sa tanan nga butang nga pangayuon kaninyo, ug pinaagi sa iyang gahum dili lamang magdawat sa mga panalangin sa panglawas apan usab sa mga panalangin diha sa tanan nga mga kalihokan ug mga butang sa kinabuhi, sa ngalan sa atong Ginoong Hesukristo nag-ampo ako!

Mensahe 9
Ang Walay Kapakyas nga Probidensya sa Dios

Deuteronomio 26:16-19

*Kining adlawa ang GINOO nga imong Dios
nagasugo kanimo sa pagbuhat sa
kabalaoran ug mga tulomanon.
Busa singkamutan mo ang pagbantay ug pagbuhat niini
sa bug-os mo nga kasingkasing
ug sa bug-os mo nga kalag.
Gipamatud-an mo ang GINOO niining adlawa nga Dios,
ug magalakaw ka sa Iyang mga dalan
ug magabantay sa Iyang kabalaoran,
sa Iyang mga sugo ug sa Iyang mga tulomanon,
ug magapatalinghug sa Iyang tingog.
Ug ang GINOO nagpamatuod niining adlawa nga ikaw
mao ang katawohan alang Kaniya,
ingon sa Iyang saad kanimo,
ug nga magbantay ka sa tanan nga mga sugo Kaniya;
ug Siya magbutang kanimo nga ibabaw
sa tanan nga mga nasud nga iyang gibuhat,
sa pagdayeg, ug sa ngalan, ug sa kadungganan;
ug nga kamo mahimong balaan nga katawohan
diha sa GINOO nga imong Dios,
ingon sa Iyang giingon kanimo*

Kon pangutan-on sa pagpili sa mga kinatumyan nga matang sa gugma, daghang mga katawohan ang mopili sa gugma sa mga ginikanan, ilabi na sa gugma sa usa ka inahan alang sa iyang masuso nga bata. Apan, atong makita diha sa Isaias 49:15, "Malimot ba ang usa ka babaye sa iyang masuso nga bata, nga dili siya magabaton ug kalooy sa anak nga lalaki sa iyang tagoangkan?" Ang bugana nga gugma sa Dios mao ang dili ikatandi ngadto sa gugma sa usa ka inahan alang sa iyang masuso nga bata.

Ang Dios sa gugma gusto sa tanan nga mga katawohan nga dili lamang sa pagkab-ot sa kaluwasan, apan usab nga makatagamtam sa kinabuhi nga dayon, panalangin, ug kalipay sa maanindot nga langit. Mao kana ngano nga Siya nagaluwas sa Iyang mga anak gikan sa mga pagsulay ug mga kasakit ug gusto sa paghatag sa tanan nga mga butang nga ilang pangayuon. Nagdala sab ang Dios sa matag usa kanato sa pagkabuhi sa usa ka bulahan nga kinabuhi dili lamang sa ibabaw sa yuta, apan sa kinabuhing dayon nga umaabot sab.

Karon, pinaagi sa gahum ug mga panagna nga gitugotan sa Dios kanato diha sa Iyang gugma, atong susihon ang probidensya sa Dios alang sa Manmin Central Church.

Ang Gugma sa Dios Gusto Magluwas sa Tanang mga Kalag

Atong makita ang masunod sa 2 Pedro 3:3-4:

Una sa tanan kinahanglan inyong mahibaloan kini, nga sa ulahing mga adlaw may mga mayubiton nga managpanungha nga managyubit, nga magapahiuyon sa ilang kaugalingong pangibog, ug magaingon, "Hain na man ang saad sa Iyang paganhi? Kay sukad sa pagkamatay sa mga amahan, ang tanang mga butang nagapabilin man nga mao ra gihapon sukad pa sa pagkatukod sa kalibutan."

Adunay daghang mga katawohan nga dili motoo kanato kon kita mosulti kanila sa katapusan nga panahon. Ingon nga ang adlaw sa kanunay mosubang ug mosalop, ingon nga mga katawohan nga kanunay nga matawo ug mamatay, ug ingon nga ang sibilisasyon kanunay nga nag-abante, ang maong mga tawo natural maghunahuna nga ang tanan nga butang magpadayon ra og sige.

Ingon nga adunay usa ka sinugdanan ug katapusan sa kinabuhi sa usa ka tawo, kon adunay usa ka sinugdanan sa kasaysayan sa katawohan, sa pagkatinuod adunay usa ka katapusan kini. Sa diha nga ang panahon sa pagpili sa Dios moabot, ang tanan sa uniberso mag-atubang sa usa ka katapusan. Ang tanan nga mga katawohan nga nabuhi sukad kang Adan ang makadawat sa paghukom. Sumala sa kon sa unsang paagi ang usa nabuhi sa ibabaw sa yuta, siya mosulod sa bisan hain sa langit o sa impiyerno.

Sa usa ka bahin, ang mga katawohan nga nagtoo kang Hesukristo ug nabuhi pinaagi sa pulong sa Dios ang magasulod sa langit. Sa laing bahin, ang mga katawohan nga wala motoo bisan human nga mapasangyawan sa Maayong Balita, ug ang mga katawohan nga wala mabuhi pinaagi sa pulong sa Dios apan sa baylo nabuhi sa sala ug sa dautan, bisan sila nagkompisal sa ilang pagtoo diha sa Ginoo, magasulod sa impiyerno. Mao kana nga ang Dios naghinam-hinam sa pagsangyaw sa ebanghelyo sa tibuok kalibutan nga ingon sa pinakadali nga kutob sa mahimo, aron nga bisan pa usa ka dugang nga kalag ang makadawat sa kaluwasan.

Ang Gahum sa Dios Gipakaylap sa Katapusan sa Panahon

Ang mismong rason sa Dios sa pagpatukod sa Manmin Central Church ug nagpakita sa katingalahang gahum mao ang tungod niini. Pinaagi sa pagpakita sa Iyang gahum, gusto sa Dios nga maghatag og ebidensiya sa paglungtad sa usa ka matuod nga Dios, ug sa pagdan-ag sa mga katawohan sa kamatuoran sa langit ug sa impiyerno. Sumala sa gisulti ni Hesus kanato diha sa Juan 4:48, "Gawas kon makakita kag mga ilhanan ug mga katingalahan, dili ka motoo," ilabi na sa usa ka panahon nga ang sala ug ang dautan nagkadaghan ug ang kahibalo nag-abante, ang buhat sa gahum nga makapaguba sa hunahuna sa tawo mao ang labaw sa tanan nga gikinahanglan. Mao nga, sa katapusan sa panahon, nagadisiplina ang Dios sa Manmin ug nagpanalangin niini sa walay hunong nga pagtubo sa gahum.

Dugang pa, ang pagpa-ugmad sa katawohan nga giplano sa Dios usab nagsingabot sa iyang katapusan. Hangtud sa panahon nga gipili sa Dios nga moabot, ang gahum mao ang usa ka gikinahanglan nga himan nga makaluwas sa tanan nga mga katawohan nga naay usa ka higayon sa pagdawat sa kaluwasan. Uban lang sa gahum nga ang mas daghang mga katawohan ang madala ngadto sa kaluwasan sa usa ka paspas nga kakusgon.

Tungod sa padayon nga paglutos ug kasakitan, kini mao ang hilabihan nga lisud sa pagsangyaw sa ebanghelyo sa ubang mga nasud sa tibuok kalibutan, ug aduna pa gani nga mga katawohan nga wala pa nakadungog sa ebanghelyo. Dugang pa, bisan taliwala sa mga tawo nga nag-angkon sa ilang pagtoo diha sa Ginoo, ang gidaghanon sa mga katawohan nga adunay matuod nga pagtoo dili parehos ang gitas-on nga gihunahuna sa mga katawohan. Sa Lucas 18:8 nangutana si Hesus kanato, "Apan, inig-abut sa Anak sa Tawo, makakaplag ba kaha Siyag pagtoo dinhi sa yuta?" Daghang mga katawohan ang nagtambong sa iglesia, apan walay daghan nga kalainan gikan sa mga katawohan sa kalibutan, sila nagpadayon sa pagkabuhi diha sa sala.

Apan, bisan pa sa mga nasud ug sa mga rehiyon sa kalibutan

diin adunay grabe nga paglutos sa Kristiyanidad, sa higayon nga ang mga katawohan makasinati sa buhat sa gahum sa Dios, ang pagtoo nga wala mahadlok sa kamatayon ang namulak ug ang nagdilaab nga pagpakaylap sa ebanghelyo nagsunod. Ang mga katawohan nga nabuhi diha sa sala nga walay matuod nga pagtoo sa karon gihatagan sa gahum sa pagkabuhi pinaagi sa pulong sa Dios sa diha nga makasinati sila mismo sa buhat sa gahum sa Dios nga buhi.

Sa daghan nga mga misyon nga biyahe sa gawas sa nasud, ako nakaadto sa mga nasud nga legal nga nagdili sa ebanghelisasyon ug sa pagwali sa Maayong Balita ug pagalutoson ang iglesia. Ako nakasaksi sa maong mga nasud sama sa Pakistan ug sa United Arab Emirates, nga parehong duha ang Islam naglambo, ug ang usa ka kasagaran nga Hindu nga estado sa India, nga sa diha nga si Hesukristo gipamatud-an ug ang mga ebidensiya nga ang mga katawohan makatoo diha sa Dios nga buhi ang gipadayag, ang dili maihap nga mga kalag nakabig ug nakaabot sa kaluwasan. Bisan kon sila nagsimba sa mga dios-dios, sa higayon nga sila makasinati sa buhat sa gahum sa Dios, ang mga katawohan mianha sa pagdawat kang Iesukristo nga walay kahadlok sa legal nga mga resulta. Kini nagpamatuod sa tumang gidak-on sa gahum sa Dios.

Ingon sa usa ka mag-uuma nga maga-ani sa iyang mga tanom ug sa tig-ani, nagpadayag ang Dios sa maong mga katingalahang gahum aron Siya mag-ani sa tanan nga mga kalag nga magadawat sa kaluwasan sa katapusang mga adlaw.

Mga Timailhan sa Katapusan sa Panahon Natala sa Biblia

Bisan pinaagi sa pulong sa Dios nga natala diha sa Biblia, kita makasulti sa panahon nga kita nabuhi nga duol sa katapusan sa panahon. Bisan tuod wala kita gisultihan sa Dios sa eksaktong petsa ug oras sa katapusan sa panahon, Siya naghatag kanato og mga timailhan nga kita makahimo sa pagsulti sa katapusan sa panahon. Sumala sa atong pagtagna nga moulan sa diha nga ang mga panganod magsugod sa pagpundok, pinaagi sa paglakat sa kasaysayan nga nagpadayon sa pagpahayag sa iyang kaugalingon, ang mga ilhanan diha sa Biblia motugot kanato sa pagtagna sa katapusan nga mga adlaw.

Pananglitan, sa Lucas 21 atong makita, "Ug inigkadungog ninyog mga gubat ug mga kaguliyang, ayaw kamo pagkalisang; kay kinahanglan una nga kini magakahitabo, apan ang katapusan dili pa moabut dihadiha" (b.9), ug "mahitabo ang makusog nga mga linog, ug sa nagkalainlaing mga dapit adto ang mga gutom ug mga kamatay; ug unya may mga makalilisang nga talan-awon ug dagkung mga ilhanan gikan sa langit" (b.11).

Sa 2 Timoteo 3:1-5, atong mabasa ang masunod:

Apan sabta kini, nga unya sa kaulahiang mga adlaw managpangabut ang mga panahon nga malisud. Kay ang mga tawo unya magamahigugmaon man sa ilang kaugalingon, mga hinapi, tigpagawal, hambogiro, tampalasan, masukihon sa mga ginikanan, walay igabalus, dili diosnon, walay pagbati sa paghigugma, dili malokmay, tigbutangbutang, mapatuyangon, mabangis, dili mahigugmaon sa maayo, mabudhion, madalidalion, tigpaburot, nga nagahigugma sa kalipayan inay sa Dios unta hinoon, nga nagabaton sa dagway sa tinoohan apan nagapanghimakak sa gahum niini; Likayi kining maong mga tawhana.

Adunay daghan nga mga ilhanan ug mga katalagman sa tibuok kalibutan, ug ang mga kasingkasing ug hunahuna sa mga katawohan nahimong mas dautan karon. Matag semana, makadawat ko og usa ka kopya sa mga istorya sa balita sa mga panghitabo ug mga aksidente, ug ang gidaghanon sa matag kopya ang makanunayon nga nagdugang. Kini nagpasabot nga aduna nianang daghang mga katalagman, kalamidad, ug mga dautan nga buhat ang nahitabo sa kalibutan.

Bisan pa niana, ang mga katawohan dili na sama ka sensitibo sa niini nga mga panghitabo ug mga aksidente kaysa una. Tungod kay sila makatagbo man sa daghan kaayo nga mga istorya sa maong mga hitabo ug mga aksidente sa usa ka regular nga basehan, ang mga katawohan nahimo nga immune sa mga niini. Kadaghanan kanila wala na magseryoso sa brutal nga mga krimen, dagku nga mga gubat, natural nga mga katalagman, ug mga nangamatay gikan sa maong kabangis ug kalamidad. Kini nga mga panghitabo sa una magpuno sa mga ulo sa balita sa mass media. Apan, gawas kon sila gibati pag-ayo o mahitabo sa uban nga ilang kaila, sa kadaghanan sa mga katawohan, ang maong mga hitabo dili ingon nga mahinungdanon ug sa dili madugay mahimong hikalimtan.

Pinaagi sa pamaagi nga ang kasaysayan nagbungat sa iyang kaugalingon, ang mga katawohan nga natukaw ug adunay tin-aw nga komunikasyon uban sa Dios nagsaksi sa usa ka tingog nga ang Pag-anhi sa Ginoo nagkaduol na.

Mga Propesiya sa Katapusan sa Panahon ug Probidensya sa Dios alang sa Manmin Central Church

Pinaagi sa mga propesiya sa Dios nga gipadayag ngadto sa Manmin, kita mahimong makasulti sa pagkatinuod nga kini mao na ang katapusan sa panahon. Sukad sa pagkatukod sa Manmin hangtud niining adlawa, ang Dios nagtagna sa mga resulta sa presidential ug parliamentary nga mga eleksyon, kamatayon sa importante ug nailhan pag-ayo nga mga tawo diha sa Korea ug sa gawas sa nasud, ug ang daghan pang ubang mga hitabo nga nag-umol sa kasaysayan sa kalibutan.

Sa daghang mga higayon akong gibutyag ang ingon nga impormasyon sa mga acronym sa matag semana nga mga bulletin sa iglesia. Kon ang mga sulod sensitibo kaayo, mibutyag ako sa mga niini sa pipila lamang ka mga indibiduwal. Sa bag-ohay nga mga tuig, ako nagmantala gikan sa pulpito gikan sa matag panahon sa mga pagpadayag bahin sa North Korea, Estados Unidos, ug mga panghitabo nga mahitabo sa tibuok kalibutan.

Kadaghanan sa mga propesiya natuman na sumala sa gitagna, ug ang mga propesiya nga hana pa nga matuman nagtumong sa mga panghitabo nga sa karon nagpadayon o o mga umaabot. Ang usa ka inila nga kamatuoran mao nga ang kadaghanan sa mga propesiya mahitungod sa mga hitabo nga umaabot pa nagtumong sa katapusan nga mga adlaw. Kay apil sa mga niini mao ang probidensya sa Dios alang sa Manmin Central Church, atong susihon ang pipila sa mga niini nga mga propesiya.

Ang unang propesiya mahitungod sa North ug South Korea nga relasyon.

Sukad sa pagkatukod, ang Dios mipadayag sa daghan kaayo mahitungod sa North Korea sa Manmin. Kini tungod kay kami adunay usa ka balaan nga pagtawag alang sa ebanghelisasyon sa North Korca sa katapusan nga mga adlaw. Kaniadtong 1983, gitagna sa Dios kanamo sa usa ka summit taliwala sa North ug sa South Korean nga mga lider ug ang epekto niini. Wala madugay human sa summit, ang North Korea mag-abli sa mga pultahan niini sa kalibutan sa temporaryo ug magsira sa pag-usab sa mga niini sa dili madugay. Ang Dios misulti kanamo nga sa diha nga ang North Korea mag-abli, ang ebanghelyo sa pagkabalaan ug ang gahum sa Dios ang mosulod sa nasud ug ang ebanghelisasyon ang motumaw. Misulti kanamo ang Dios sa paghinumdom nga ang Pag-anhi sa Ginoo nagkaduol na, sa diha nga ang parehong North ug South Korea magpahayag sa ilang mga kaugalingon sa usa ka piho nga paagi. Kay ang Dios miingon kanako nga ipabilin ang paagi nga ang duha ka Korea "magpahayag sa usa ka piho nga paagi," nga tinago, ako dili makabutyag nianang impormasyon pa.

Ingon nga ang kadaghanan kaninyo ang nahibalo, ang usa ka summit taliwala sa mga lider sa duha ka Korea nahitabo kaniadtong 2000. Mahimo tingali kanimong mabati nga ang North Korea, nga nagpadaog sa internasyonal nga pamugos, moabli sa mga pultahan niini sa dili madugay.

Ang ikaduha nga propesiya mahitungod sa pagtawag alang sa kalibutanon nga misyon.

Ang Dios nag-andam alang sa Manmin sa pipila ka gidaghanon sa gawas sa nasud nga mga krusada diin napulo ka mga kaliboan, gatusan ka mga linibo, ug minilyon nga mga katawohan ang nagpundok, ug gipanalanginan kami nga dali nga mag-ebanghelyo sa kalibutan pinaagi sa Iyang katingalahang gahum. Ang mga kini naglakip sa Balaan nga Ebanghelyo nga Krusada sa Uganda, ang balita niini nga gisibya internasyonal sa Cable News Network (CNN); Ang Pangpang-ayo nga Krusada sa Pakistan, nga nag-uyog sa Islamic nga kalibutan ug miabli sa pultahan alang sa misyonaryo nga buhat sa Middle East; ang Balaan nga Ebanghelyo nga Krusada sa Kenya kon diin daghan kaayo nga mga sakit, lakip na ang AIDS, ang nangaayo; ang Panaghiusa nga Pagpang-ayo nga Krusada sa Pilipinas kon diin ang gahum sa Dios gipadayag og daku kaayo; ang Milagroso nga Pagpang-ayo nga Krusada sa Honduras, kon diin nagdala sa bagyo sa Espiritu Santo; ug ang Piyesta sa Milagroso nga Pagpang-ayo nga Pag-ampo nga Krusasda sa India, ang kinadak-ang Hindu nga nasud sa kalibutan, kon diin kapin sa tulo ka milyon ka mga katawohan ang nagtigom sa panahon sa upat-ka-adlaw nga krusada. Ang tanan kining mga krusada nagsilbi nga usa ka tikang kon diin ang Manmin makasulod sa Israel, ang katapusan nga destinasyon.

Sa ilalom sa Iyang dakung plano alang sa pagpa-ugmad sa katawohan, gibuhat sa Dios si Adan ug Eba, ug human nga ang kinabuhi misugod sa yuta, ang katawohan midaghan. Lakip sa daghang mga katawohan, ang Dios nipili sa usa ka nasud, ang Israel, ang mga kaliwat ni Jacob. Pinaagi sa kasaysayan sa mga Israelinhon, gusto sa Dios ipadayag ang Iyang himaya ug probidensya alang sa pagpa-ugmad sa katawohan dili lamang sa Israel apan usab ang tanan nga mga katawohan sa kalibutan. Ang mga katawohan sa Israel busa magsilbi nga modelo alang sa pagpa-ugmad sa katawohan, ug sa kasaysayan sa Israel, kon diin ang Dios mismo sa Iyang kaugalingon ang nagdumala, dili lamang usa ka kasaysayan sa usa ka nasud apan ang Iyang mensahe alang sa tanang mga katawohan. Dugang pa, sa dili pa pagkompleto sa pagpa-ugmad sa katawohan nga nagsugod kang Adan, ang Dios nagbuot alang sa ebanghelyo sa pagbalik sa Israel, kon diin kini naggikan. Apan, kini hilabihan kaayo nga lisud sa pagpahigayon sa usa ka Kristohanong pagpundok ug magpakaylap sa ebanghelyo sa Israel. Ang pagpakita sa gahum sa Dios nga mahimong magpa-uyog sa langit ug yuta ang gikinahanglan sa Israel, ug sa pagtuman niini nga bahin sa probidensya sa Dios mao ang pagtawag alang sa Manmin sa katapusan nga mga adlaw.

Pinaagi kang Hesukristo, ang Dios nakatuman sa probidensya sa kaluwasan sa katawohan, ug gitugotan ang bisan kinsa nga modawat kang Hesus ingon nga iyang Manluluwas sa pagdawat sa kinabuhing dayon. Ag pinili nga mga katawohan sa Israel sa Dios, bisan pa niana, wala moila nga si Hesus ang Mesiyas. Dugang pa, bisan pa hangtud sa higayon nga ang Iyang mga anak ang igabayaw sa kahanginan, ang mga katawohan sa Israel dili unta makasabut sa probidensya sa kaluwasan pinaagi kang Hesukristo.

Sa katapusan nga mga adlaw, gusto sa Dios nga ang mga katawohan sa Israel maghinulsol ug dawaton si Hesus ingon nga ilang Manluluwas aron sila makakab-ot sa kaluwasan. Mao kana nganong ang Dios mitugot sa ebanghelyo sa pagkabalaan sa pagsulod ug pagkaylap sa tibuok Israel pinaagi sa usa ka halangdon nga pagtawag nga Iyang gihatag ngadto sa Manmin. Karon nga ang usa ka importante nga tikang alang sa Middle

East nga misyonaryo nga buhat ag natukod kaniadtong Abril 2003, sumala sa kabubut-on sa Dios, ang Manmin maghimo sa piho nga mga pagpangandam alang sa Israel ug magtuman sa probidensya sa Dios.

Ang ikatulo nga propesiya mahitungod sa pagtukod sa Engrande nga Sangtuwaryo.

Wala madugay human sa pagkatukod sa Manmin, sa pagpadayag Kaniya sa Iyang probidensya alang sa katapusan nga mga adlaw, naghatag kanamo ang Dios sa usa ka balaan nga pagtawag alang sa pagtukod sa Engrande nga Sangtuwaryo nga mopadayag sa himaya sa Dios ngadto sa tanan nga mga katawohan sa kalibutan.

Sa mga panahon sa Daang Kasabotan, kini posible nga makadawat sa kaluwasan pinaagi sa buhat. Bisan kon ang sala sa usa ka kasingkasing wala masalikway, samtang ang sala wala nahimo sa gawas, bisan kinsa mahimong maluwas. Ang Templo gikan sa panahon sa Daang Kasabotan mao ang usa ka templo sa diin ang mga katawohan nagsimba sa Dios lamang pinaagi sa buhat, sama sa gilatid sa kasugoan.

Atol sa mga panahon sa Bag-ong Kasabotan, nan, si Hesus mianhi ug gituman ang kasugoan sa gugma, ug pinaagi sa atong pagtoo diha kang Hesukristo kita nakadawat sa kaluwasan. Ang templo nga gitinguha sa Dios sa mga panahon sa Bag-ong

Kasabotan ang igatukod dili lamang pinaagi sa buhat kondili pinaagi usab sa kasingkasing. Kini nga templo igatukod sa matuod nga mga anak sa Dios nga gisalikway ang sala, diha sa usa ka gipabalaan nga kasingkasing ug sa ilang gugma alang Kaniya. Mao kana nganong gitugotan sa Dios ang templo gikan sa mga panahon sa Daang Kasabotan nga pagalaglagon ug nagbuot alang sa usa ka bag-o nga templo sa tinuod nga espirituhanong kahulugan nga itukod.

Busa, ang mga katawohan nga magatukod sa Engrande nga Sangtuwaryo kinahanglan nga giisip nga tukma diha sa mata sa Dios. Sila kinahanglan gayud nga mga anak sa Dios nga gisirkonsisyon ang ilang mga kasingkasing, sa balaan ug putli nga kasingkasing, ug puno sa pagtoo, paglaum, ug gugma. Sa diha nga makita sa Dios ang Engrande nga Sangtuwaryo nga gitukod sa Iyang gipabalaan nga mga anak, Siya mahupay dili lamang pinaagi sa dagway sa bilding. Hinunoa, pinaagi sa Engrande nga Sangtuwaryo, Iyang mahinumduman ang proseso diin ang templo natukod, ug hinumduman ang matag usa sa Iyang tinuod nga mga anak nga mao ang mga bunga sa Iyang mga luha, sakripisyo, ug pailub.

Ang Engrande nga Sangtuwaryo nagdala sa usa ka lawom nga kahulogan. Kini magsilbi nga usa ka monumento alang sa pagpaugmad sa katawohan sama man nga usa ka simbolo sa kahupayan alang sa Dios human sa pag-ani sa maayong mga tanom. Kini gitukod diha sa katapusan nga mga adlaw tungod kay kini mao ang usa ka dakung bilding nga proyekto nga magpadayag sa

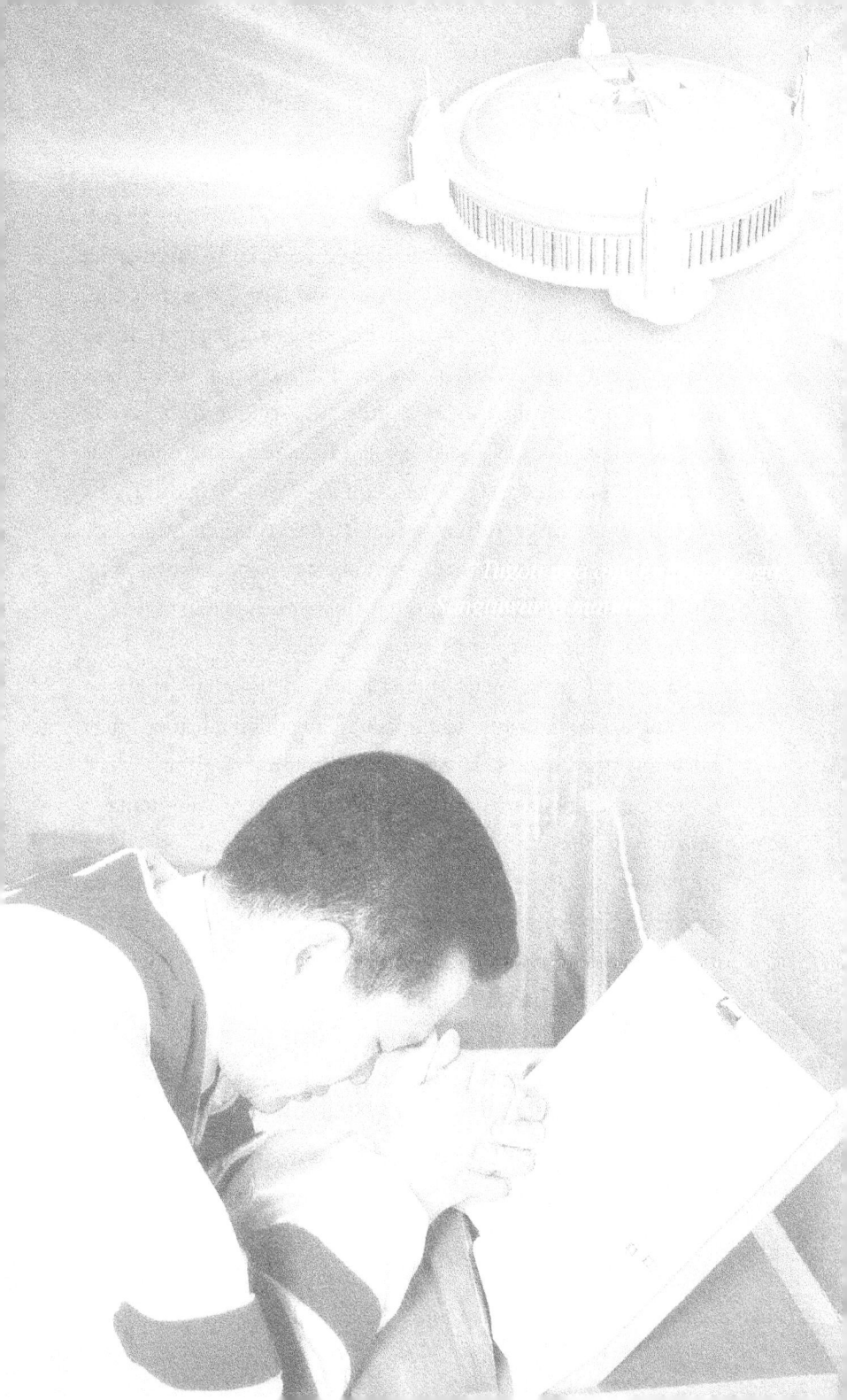

himaya sa Dios sa tanan nga mga katawohan sa kalibutan. Sa 600 ka metros (mga 1970 ka mga tapak) sa diyametro ug kapitoan ka metros (230 ka mga tapak) sa gitas-on, ang Engrande nga Sangtuwaryo mao ang usa ka daku kaayo nga bilding nga gihimo uban sa tanan nga matang sa maanindot, talagsaon ug bililhon nga mga materyales, ug sa matag piraso sa gambalay ug dekorasyon, ang himaya sa Bag-ong Herusalem, ang unom-ka-adlaw nga paglalang, ug ang gahum sa Dios ang igasukip. Sa pagtan-aw sa Engrande nga Sangtuwaryo lamang igo nga magpugos sa mga katawohan nga mobati sa pagkahalangdon ug himaya sa Dios. Bisan ang mga dili-tumuluo matingala sa pagtan-aw niini ug sa pag-ila sa Iyang himaya.

Sa katapusan, sa pagtukod sa Engrande nga Sangtuwaryo mao ang pag-andam sa usa ka arka diin ang dili maihap nga mga kalag ang makadawat sa kaluwasan. Sa katapusan nga mga adlaw sa diha nga ang sala ug dautan modaghan, sama sa kahimtang sa panahon ni Noe, sa diha nga ang mga katawohan nga gidala sa mga anak sa Dios, husto sa Iyang giisip ang makaadto sa Engrande nga Sangtuwaryo ug mahimong magtoo Kaniya, sila makadawat sa kaluwasan. Ang mas daghang mga katawohan nga makadungog sa balita sa himaya ug gahum sa Dios, ug sila manganhi, ug makakita sa ilang kaugalingon. Sa diha nga sila moabut, ang dili maihap nga mga ebidensiya sa Dios ang ipresentar. Sila usab tudloan sa mga tinago sa mga espirituhanon nga ginsakpan, ug malamdagan sa kabubut-on sa Dios nga nagtinguha sa pag-ani sa tinuod nga mga anak nga nagkaamgid sa Iyang kaugalingong dagway.

Ang Engrande nga Sangtuwaryo magsilbi nga sentro sa katapusan nga bahin sa tibuok kalibutan nga pagsangyaw sa ebanghelyo sa wala pa ang Pag-anhi sa atong Ginoo. Dugang pa, ang Dios misulti sa Manmin nga sa diha nga ang panahon moabut alang sa pagtukod sa Engrande nga Sangtuwaryo sa pagsugod, Siya modala sa mga Hari ug mga indibiduwal sa bahandi ug gahum sa pagtabang sa pagtukod.

Gikan sa iyang pagkatukod, ang Dios mipadayag sa mga propesiya sa katapusan nga mga adlaw ug sa Iyang probidensya alang sa Manmin Central Church. Bisan hangtud niining adlawa, siya nagpadayon sa pagpakita sa walay katapusang pag-uswag nga gahum ug nagatuman sa Iyang mga Pulong. Sa tibuok kasaysayan sa iglesia, ang Dios ang nagdala sa Manmin sa Iyang kaugalingon aron sa pagtuman sa Iyang probidensya. Dugang pa, hangtud sa higayon nga mobalik ang Ginoo, Siya modala kanato sa pagtuman sa tanan nga mga buluhaton nga Iyang gihatag kanato ug magpadayag sa himaya sa Ginoo sa tibuok kalibutan.

Sa Juan 14:11, nag-ingon kanato si Hesus nga "Toohi Ako ninyo nga Ako anaa sa Amahan ug nga ang Amahan ania Kanako; o, kon dili man, toohi, ako ninyo tungod sa mismong mga buhat." Sa Deuteronomio 18:22, atong makita, "Sa magsulti ang usa ka profeta sa ngalan sa GINOO, kong ang butang dili matuman ni mahitabo, mao kana ang butang nga wala isulti sa GINOO. Ang profeta nagapangahas sa pagsulti niini, dili ka mahadlok kaniya" Manghinaut ako nga kamo makasabut sa pagtagbo sa Dios pinaagi sa gahum ug mga propesiya nga gipakita ug gipadayag sa Manmin Central Church.

Sa pagtuman sa Iyang probidensya pinaagi sa Manmin Central Church sa katapusan nga mga adlaw, ang Dios wala mohatag niini nga iglesia sa pagkapukaw ug gahum sa usa lang kagabii. Iya kaming gibansay alang sa sobra sa kaluhaan ka tuig. Sama sa pagsaka sa usa ka taas ug tungason nga bukid ug sa paglawig pinaagi sa tag-as nga mga balod sa mabangis nga dagat, Siya balik-balik nga nagdala kanamo latas sa mga pagsulay ug, pinaagi sa mga katawohan nga nagmalampuson niadtong mga pagsulay uban sa ilang hugot nga pagtuo, miandam sa usa ka sudlanan nga mahimong makatuman sa kalibutanon nga misyon.

Kini magamit sab sa matag usa kaninyo. Ang pagtoo diin ang usa makasulod sa Bag-ong Herusalem dili mapalambo o mapatubo sa usa lang kagabii; kinahanglan kang gayud nga kanunay nga nagmata ug andam alang sa adlaw nga ang atong Ginoo mobalik. Labaw sa tanan, sa paglaglag sa tanang mga paril sa sala ug, uban sa dili mausab ug mainiton nga pagtoo, modagan paingon sa langit. Sa diha nga molihok ka sa unahan uban sa niini nga matang sa dili mausab nga determinasyon, sa walay duhaduha ang Dios mopanalangin sa imong kalag nga magmaayo ug motubag sa mga tinguha sa imong kasingkasing.

Dugang pa, ang Dios mohatag kanimo sa espirituhanon nga abilidad ug awtoridad nga pinaagi niini ikaw mahimo nga gamiton nga Iyang bililhon nga sudlanan alang sa Iyang probidensya sa katapusan nga mga adlaw.

Unta ang matag usa kaninyo magkupot sa inyong mainiton nga pagtoo hangtud sa pagbalik sa Ginoo ug sa pagtagbo sa pag-usab sa langit nga walay katapusan, ug sa Siyudad sa Bag-ong Herusalem, sa ngalan sa atong Ginoong Hesukristo nag-ampo ako!

Ang Tagsulat
Dr. Jaerock Lee

Si Dr. Jaerock Lee gipanganak sa Muan, Probinsiya sa Jeonnam, Republika sa Korea, kaniadtong 1943. Sa iyang kapin bayente nga pang-edaron, si Dr. Lee nag-antos gikan sa nagkalainlain nga dili-matambalan nga mga sakit alang sa pito ka mga tuig ug naghuwat sa kamatayon uban sa walay paglaum nga maulian pa. Bisan pa niana usa ka adlaw sa tingpamulak kaniadtong 1974 gidala siya sa usa ka iglesia sa iyang igsoon nga babaye ug unya sa iyang pagluhod aron mag-ampo, ang buhing Dios sa labing madali nag-ayo kaniya sa tanan niyang mga sakit.

Gikan sa panahon nga iyang nailhan ang buhing Dios pinaagi niadtong makahibulong nga kasinatian, gihigugma ni Dr. Lee ang Dios sa tibuok kaniyang kasingkasing ug katim-os, ug kaniadtong 1978 siya gitawag nga mahimong alagad sa Dios. Madilaabon siya nga nag-ampo kauban ang daghang pagpuasa nga mga pag-ampo aron tin-aw niyang masabtan ang kabubut-on sa Dios, bug-os nga matuman kini ug magmasinugtanon sa tanan nga Pulong sa Dios. Kaniadtong 1982, gitukod kaniya ang Manmin Central Church sa Seoul, Korea, ug ang dili-maihap nga mga buhat sa Dios, lakip ang mga milagroso nga mga pagpang-ayo ug mga katingalahan, nahitabo sa iyang iglesia sukad kaniadto.

Kaniadtong 1986, si Dr. Lee giordinahan nga usa ka pastor sa Annual Assembly of Jesus' Sungkyul Church sa Korea, ug upat ka tuig sa ulahi kaniadtong 1990, ang iyang mga wali gisugdan og pagsibya sa Australia, Russia, ang Pilipinas, ug daghan pa pinaagi sa Far East Broadcasting Company, ang Asia Broadcast Station, ug ang Washington Christian Radio System.

Tulo ka tuig sa ulahi, kaniadtong 1993, napili ang Manmin Central Church nga usa sa mga "50 ka Pinakataas nga mga Iglesia sa Kalibutan" sa Christian World magazine (US) ug siya nidawat sa usa ka Honorary Doctorate of Divinity gikan sa Christian Faith College, Florida, USA, ug kaniadtong 1996 iyang gidawat ang iyang Ph.D. sa Ministry gikan sa Kingsway Theological Seminary, Iowa, USA.

Sukad kaniadtong 1993, si Dr. Lee nagpanguna sa kalibutan nga ebanghelisasyon pinaagi sa daghang gawas sa nasud nga mga krusada sa Tanzania, Argentina, L.A.,

Baltimore City, Hawaii, ug New York City sa USA, Uganda, Japan, Pakistan, Kenya, ang Pilipinas, Honduras, India, Russia, Germany, Peru, Demokratiko nga Republika sa Congo, ug Israel. Kaniadtong 2002 gitawag siya nga "tibuok kalibutan nga pastor" sa mga mayor nga Kristohanon nga mga pamantalaan sa Korea para sa iyang buhat sa nagkalaing gawas sa nasud nga Dagkung Pagkahiusa nga mga Krusada.

Kutob sa Septyembre tuig sa 2010, ang Manmin Central Church adunay kongregasyon nga labi sa 100,000 ka mga miyembro. Adunay 9,000 ka sanga sa mga iglesia sa tibuok kalibutan ug sa pagkakaron 132 ka mga misyonaryo ang nakomisyon ngadto sa 23 ka mga nasud, lakip ang Estados Unidos, Russia, Germany, Canada, Japan, China, France, India, Kenya, ug daghan.

Kutob sa petsa niining pagmantala, si Dr. Lee nakasulat na ug 60 ka mga libro, lakip ang mga pinakamabenta nga Tasting Eternal Life Before Death (Ang Pagtilaw sa Kinabuhing Dayon Sa Wala Pa ang Kamatayon), My Life My Faith I & II (Akong Kinabuhi Akong Pagtoo I & II), The Message of the Cross (Ang Mensahe sa Krus), The Measure of Faith (Ang Gidak-on sa Pagtoo), Heaven I & II, (Langit I & II), ug The Power of God (Ang Gahum sa Dios). Ang iyang mga buhat gihubad sa labi sa 44 ka mga lengguwahe.

Ang iyang Krisitohanon nga mga kolumna naggula sa The Hankook Ilbo, The JoongAng Daily, The Dong-A Ilbo, The Munhwa Ilbo, The Seoul Shinmun, The Kyunghyang Shinmun, The Hankyoreh Shinmun, The Korea Economic Daily, The Korea Herald, The Shisa News, ug The Christian Press.

Si Dr. Lee mao ang sa pagkakaron nagpanguna sa daghang misyonaryo nga mga organisasyon ug mga asosasyon: lakip ang Chairman, The United Holiness Church of Jesus Christ; President, Manmin World Mission; Permanent President, The World Christianity Revival Mission Association; Founder, Manmin TV; Founder & Board Chairman, Global Christian Network (GCN); Founder & Board Chairman, World Christian Doctors Network (WCDN); ug Founder & Board Chairman, Manmin International Seminary (MIS).

Uban pang makagagahom nga mga libro sa samang tagsulat

Langit I & II

Usa ka detalyado nga paglaraw sa matahom nga palibot nga puy-anan nga ang mga langitnon nga mga mulupyo mangalipay ug maaanyag nga paghulagway sa lainlain nga mga lebel sa langitnon nga mga gingharian.

Akong Kinabuhi, Akong Pagtoo I & II

Usa ka pinakahumot nga espirituwal nga alimyon nga gipuga gikan sa kinabuhi nga namulak uban sa usa ka dili maparisan nga gugma alang sa Dios, taliwala sa ngitngit nga mga balod, bugnaw nga pas-anon ug ang pinakailalom nga kawalay.

Pagtilaw sa Walay-Katapusan nga Kinabuhi sa wala pa ang Kamatayon

Usa ka pangsaksi nga pag-asoy sa kinaugalingong kasinatian ni Dr. Jaerock Lee, kon kinsa gipanganak og usab ug naluwas gikan sa kawalogan nga landong sa kamatayon ug nanguna sa usa ka hingpit nga dalaygong Kristiyano nga kinabuhi.

Ang Sukod sa Pagtoo

Unsa nga klase sa puluy-an nga duog, korona ug mga balos ang giandam alang kanimo sa langit? Kining libro naghatag uban ang kaalam ug ang pag-agak alang kanimo aron masukod ang imong pagtoo ug mapa-ugmad ang pinakamaayo ug pinakaguwang nga pagtoo.

Impiyerno

Usa ka maikagon nga mensahe sa tanan nga katawhan gikan sa Dios, kon kinsa nagpangandoy nga walay bisan usa ka kalag ang mahagbong ngadto sa kailauman nga mpiyerno! Imong makaplagan ang wala-pa-mapabutyag nga mga pag-asoy sa mapintas nga realidad sa Ubos nga Hades ug Impiyerno.

www.urimbooks.com

www.ingramcontent.com/pod-product-compliance
Lightning Source LLC
LaVergne TN
LVHW021812060526
838201LV00058B/3343